언제나 내 마음 안에 있는 독일

언제나 내 마음 안에 있는 독일

—

김학성 지음

17.5년을 독일과 함께한 외교관이 쓴

"여행하며 생각해 보는 독일 이야기"

좋은땅

추천의 글

이 책은 저자의 전문성을 가독성 있게 풀어낸 친절한 독일 이야기이자, 한 나라에 대한 깊은 이해와 사랑을 담아낸 에세이이다. 독일에서의 경험을 토대로 독일의 자연과 환경, 역사와 문화, 제도와 정신, 나아가 그것들과 얽힌 사람들에 대한 저자의 깊은 관심과 사랑을 잘 표현하고 있다. 저자는 "독일은 항상 우리들의 마음속에 있다(Deutschland liegt immer in unserem Herzen)"라고 자신의 카톡 대문에서 고백하고 있다. 독일이라는 공간은 저자의 일상에 아직도 꿈과 추억으로 자리하고 있다.

이 책은 독일을 사랑하는 이들뿐 아니라, 새로운 시각으로 세상을 바라보고 싶은 모든 독자에게 권할 만한 여정이 될 것이다. 특히 독일 전문가로서의 그의 통찰력과 진심이 담긴 글들은 독일이라는 나라를 더욱 가깝게 느끼게 할 것이기 때문이다. 독자들은 이 책을 통해 저자가 걸어온 발자취를 따라가며 독일의 문화, 역사, 그리고 일상에 스며들어 있는 다양한 이야기들을 만나게 될 것이다. 그리고 저자의 독일 생활에서의 생생한 경험을 통해 독일의 숨겨진 매력을 발견하고, 그곳에 깃든 삶의 풍경들을 보다 깊이 이해할 수 있을 것이다.

이 책은 저자가 18여 년간의 독일 생활의 경험으로 체득한 독일이라는 국가와 독일인들의 일상에 대한 객관적인 서술이 돋보인다. 또한 특정 지역과 공간에 대한 포괄적인 이해와 전문가적 묘사, 자연환경에 대한 회화적 묘사에서 정치, 역사, 문화, 예술, 종교, 인물로 확장되는 연상적 스토리 전개, 자연스럽고 다이내믹하게 전개되는 묘사들은 단숨에 저자의 경험 세계로 독자들을 안내할 것이다.

한편, 독자들은 독일에 대한 심층적 이해에 더해 기행문학(Reiseliteratur)으로서의 학술적 가치를 동시에 발견하게 될 것이다. 이 책에는 우선 저자의 독일에 대한 문화적 깊이와 이해가 잘 드러나 있기 때문이다. 단순한 여행 정보에 그치지 않고, 독일의 역사, 문화, 제도, 그리고 사회적 맥락도 깊이 있게 탐색하고 있다. 또한 표면적인 독일의 아름다움을 넘어, 그 속에 숨겨진 복잡성과 매력을 이해하도록 돕고 있다. 둘째로, 개인적 경험에 대한 진솔한 서술 때문이다. 독일에서 17.5년이라는 경험을 토대로 한 서술은 단순한 지식이 아니라, 삶의 일부로서의 독일을 느끼게 해 준다. 셋째로, 비판적 시각 때문이다. 저자는 독일의 장점뿐 아니라, 그곳의 문제점이나 어려움에 대해서도 솔직하게 서술함으로써 독일에 대한 균형 잡힌 시각과 더불어 보다 현실적이고 입체적인 이해를 가능하게 한다. 넷째로, 스토리의 감성적 연결 때문이다. 저자는 독일의 다양한 풍경과 일상을 단순한 묘사에 그치지 않고, 그 안에 담긴 감정과 이야기를 전달하고 있다. 이를 통해 독자들이 독일이라는 나라와 감성적 공감대를 형성할 수 있도록 도와준다. 다섯째로, 철저한 현장성 때문이다. 독일의 동서남북을 발로 뛰어 얻은 정보와 인사이트는 독자들에게 마치 그곳을 함께 여행하는 듯한 생생한 경험을 선사한다.

어쩌면 이 책은 저자가 가졌던 청소년기의 꿈이 독일에서의 삶과 문화적 경험에 투영된 결과일지도 모른다. 그리고 그 꿈은 이제 저자의 삶을 지탱하는 풍요로운 추억일지도… 독자들이 꿈으로 채색된 저자의 여행에 함께하고, 나아가 삶의 풍요를 공유할 행운을 얻기를 빈다.

김춘식(동신대학교 교수, 전 포스텍 인문사회학부 교수,

국가교육위원회 전문위원)

머리말

독일어를 제2외국어로 배우기 시작했던 먼 옛날 고등학교 1학년 시절, 나는 독일어 교과서에 있는 몇 장의 흑백사진에서 눈을 뗄 수 없었습니다. 흑백사진이었지만 독일의 낭만적인 전원과 도시풍경이 어린 나의 마음을 사로잡았습니다. "아~ 내 인생에 이런 나라에 한 번이라도 갈 수 있을까. 꿈이겠지, 이룰 수 없는 꿈이겠지."

외교부에서 근무를 시작했을 때 독일어 전공을 살려 독일 전문가가 되어야겠다는 목표를 세웠지만 베를린, 함부르크, 프랑크푸르트, 프라이부르크를 넘나들며 17.5년이라는 긴 세월을 독일에서 보내게 될 줄은 미처 생각하지 못했습니다. 눈에 보이지 않은 질긴 인연의 끈이 나와 독일을 그렇게 묶고 있었나 봅니다.

외교부 동료 직원들과 주위의 친구, 지인들은 독일에서 외교관으로 17.5년을 근무했던 나를 "독일 전문가"라고 부릅니다. 물어볼 필요도 없는 당연한 독일 전문가라고 치켜세웁니다. 왜 내가 독일 전문가냐고 물어보면 "독일에서 그렇게 오랫동안 근무하며 한 우물을 팠는데 그런 당신이 독일 전문가 아니면 도대체 누가 전문가이겠는가?"라며 반문했습니다. 그러나 "독일과 관련된 책 한 권도 쓰지 않은 사람이 무슨 전문가가 될 수 있다는 말인가." 내심 부끄러움이 밀려왔습니다.

퇴직 후 금년 3월 나의 25년 재외공관 근무를 생각하며 《어쩌다 외교관, 그러다 방랑자》라는 책을 출판하게 되었습니다. 그러나 그 책은 외교관으로서 때로는 행복하고 때로는 고뇌해야만 했던 나의 삶을 진솔하게 담아낸 고백서였습니다. 그래서 이번에 크게 마음먹고 독일에 대한 글을 써 보기로 했습니다. "독일에 관해서 책 한 권도 쓰지 않은 독일 전문가"의 부끄러움에서 벗어나기 위해 글재주 없는 사람이 나름 큰 결정을 하게 되었습니다.

여행을 싫어하고 사무실과 집을 오가는 단조로운 생활을 했다면 독일에서 20년, 30년을 살았어도 눈 감고 귀 막고 사는 시간이었을 것입니다. 그러나 나는 독일 동서남북 구석구석 열심히 발품을 팔았습니다. 독일 땅에 나의 발자국이 닿지 않은 곳이 거의 없습니다. 열심히 보고 듣고 독일 사람들 사이에 부대끼면서 독일에 대한 나의 애정과 관심은 깊어져 갔습니다. 그렇게 여행하면서 직접 체험하고 느낀 것을 여행지에 대한 개략적인 소개와 함께 관련된 독일 이야기를 덧붙여서 가벼운 형식으로 글을 써 보았습니다.

독자들이 "아~ 독일에 이런 곳이 있었구나, 이런 제도와 문화와 역사가 숨어 있었구나, 이런 문제점도 있었구나."라며 책장을 넘겼으면 하는 마음입니다. 나의 책과 함께 독일을 여행하면서 가볍게 느껴 보고 생각해 보는 "독일 이야기" 시간이 되었으면 좋겠습니다.

글쓴이 김학성

언제나 내 마음 안에 있는 독일

독일 개관

- 국명: 독일 연방공화국(Bundesrepublik Deutschland)
- 인구: 약 8,346만 명(2022년 12월 기준)
- 수도: 베를린(인구 376만 명, 2022년 기준)
- 면적: 357,595㎢(한반도의 약 1.6배)
- 정체: 연방공화제(16개 연방주로 구성)
- 정부형태: 의원내각제(대통령:Walter Steinmeier, 총리:Olaf Scholtz)
- 의회: 양원제(연방하원:736석/연방상원:69석)
- 인구 구성: 독일인(84%), 외국인(16%)
- 언어: 독일어
- 종교: 카톨릭(30.8%), 개신교(26.4%), 이슬람(5.5%), 무교(37%)
- 국경일: 10.3(1990년 동·서독 통일기념일)
- 주요 기념일: 정부수립일(기본법 제정·공포):1949.5.23.
- GDP: 약 4.1조 US$(1인당 GDP:49,084 US$, 2023년 기준)
- 교역: 약 3.1조 유로(수출:1.59조 유로/수입:1.51조 유로(2022년 기준))
- 실질경제성장률: 3.2%(2021년), 1.8%(2022년), -0.3%(2023년)
- 물가상승률: 3.7%(2023년 기준)
- 실업률: 5.7%(2023년 기준)
- 기후: 4계절 구분, 온화·다습(2023년 연평균 기온:10.6C)
- 대독 수출: 103억 US$(2023년)
- 독일로부터 수입: 236억 US$(2023년)

언제나 내 마음 안에 있는 독일

- 대독 무역적자: 133억 US$(2023년)
- 대독 투자: 약 89.6억 US$(누적액/2023년 기준)
- 대한 투자: 약 181.9억 US$(누적액/2023년 기준)
- 재외동포 현황: 약 49,700명(2022년 기준)

차례

1.
Sylt의 갈대는 Nordsee 바람에 춤추고

06:28 함부르크발 RE6 기차는 떠납니다. 주말 이른 아침 엘베강의 메트로폴리스는 아직 잠에서 깨어나지 않아 고요합니다. 그러나 설렘을 가득 싣고 RE6 열차는 Hamburg-Altona(함부르크-알토나)역을 미끄러지듯 서서히 출발합니다. 06:28 함부르크발 기차는 신선한 아침 공기를 가르며 그렇게 떠납니다.

17.5년이란 긴 세월은 독일의 동서남북 이곳저곳에 부지런하게 나의 발길을 남겼습니다. 지금 생각해 보면 어떻게 그렇게 할 수 있었는지, 무슨 힘이 넘쳐 나서 누비고 다녔는지 모르겠습니다. 아마도 에너지 넘치는 청춘이었겠지요. 그러나 그것 하나만은 아니었을 겁니다. 그냥 좋아서 그렇게 했습니다. 독일이 좋아서 더 보고 싶고 더 느껴 보고 싶어 아우토반을 달렸습니다. 그렇게 자동차로 독일 이곳저곳을 부지런하게 인사하러 다녔으며, 기차를 타고 독일 내 출장도 많이 다녔고 가끔 가족과 함께 기차 여행도 즐겼습니다.

기차 여행은 자동차로 다니는 여행과 달랐습니다. 우선 직접 운전하지 않아 편해서 좋았습니다. 그러나 무엇보다도 기차를 타고 가면서 나의 독일 생활을 차분하게 생각해 볼 수 있는 시간을 갖게 되어 좋았습니다. 기차 여행은 독일에서 살고 있음을 실감 나게 해 주었습니다. "다음 역은 대전역입니다"라는 우리말 안내 대신 "Nächste Station ist Hannover(다음 역은 하노버입니다)" 독일어 안내방송을 듣고 있으면 "아~ 내가 지금 독일에 있구나. 독일에서 살고 있구나"를 그냥 느낄 수 있었습니다. 차창에 스치는 독일의 낯익은 도시와 전원 풍경도 독일과의 끊을 수 없는 나의 인연과 운명을 생각하게 해 주었습니다. 기차 안에 있는 독일 사람들과 이야기를 나누며 나의 독일에 있음은 깊어만 갔습니다.

06:28 RE6 함부르크발 열차는 이제 속도를 내기 시작합니다. 잠에서 깨어나지 않은 "자유 한자 도시"를 뒤로하고 북쪽을 향해 달립니다. 끝없는 북부 독일의 평원이 펼쳐집니다. 아침 안개 속에 보일 듯 말 듯 모습을 드러낸 농가의 모습이 평화롭습니다. 신선한 이른 아침의 풀 향기가 그리웠는지 목초지에는 벌써 소들이 부지런하게 풀을 뜯고 있습니다. 06:28 함부르크발 RE6 열차는 승객의 들뜬 마음과는 다르게 무정하게 북쪽을 향해 달려갑니다. 그렇게 2시간 반 정도를 달렸습니다. 저 멀리 아련하게 바다의 모습이 눈에 들어옵니다. 바다에서 불어오는 소금기 어린 미풍이 기차 창문을 통해 스며듭니다. 06:28 함부르크발 RE6 열차는 서서히 속도를 줄여가며 육지와 섬을 연결하는 Hindenburgdamm(힌덴부르크 제방길)을 따라 달립니다. 마침내 사람들은 꿈속에서 그리워했던 그곳에 발을 디딥니다.

Schleswig-Holsteinische Wattenmeer(슐레스비히-홀스타인 갯벌 바다)는 서유럽에서 가장 큰 갯벌 풍경으로 자연 국립공원이자 생물권 보전 지역입니다. 유네스코는 2009년 갯벌 바다를 세계문화유산으로 지정했습니다. 독일의 Nordsee(북해) 최북단지역에 위치하며 덴마크와 경계를 이루고 있는 이 광대한 갯벌 바다는 갯벌, 염습지, 모래언덕, 해변과 섬으로 이루어진 독특한 모자이크라고 할 수 있습니다. 이곳은 시간마다 조수의 영향으로 풍경이 달라집니다. 육지도 아니고 바다도 아닌 독특한 매력을 발산합니다. 갯벌이라고 해서 우리나라 서해안과 남해안의 갯벌과 같은 모습이 아닙니다. 다른 갯벌입니다. 갯벌 바다는 대부분 모래가 단단하게 굳어 있어 얼마든지 바다를 맨발로 편하게 거닐 수 있습니다. 때로는 부드러운 진흙이 가라앉아 있어 발바닥에 닿는 촉감이 부드럽습니다. 염습지를 굽이 흐르는 개울들과 사구의 모습은 우리나라에서 볼 수 없는 대자연의 황홀한 쇼입니다.

자연의 보고인 북해의 갯벌 바다는 해상풍력의 바다이기도 합니다. 저 멀리 하얀 바람개비가 북해의 바람을 맞고 힘차게 돌아가고 있습니다. 독일은 덴마크, 영국과 함께 해상풍력 기술의 선두주자라고 할 수 있습니다. 2023년 말 현재 독일 북해에는 1,566개의 풍력발전기가 설치된 29개의 해상풍력발전소가 있으며 2030년까지 최소 30GW를 생산할 수 있는 해상풍력발전기를 추가로 설치할 예정입니다. 독일 육상에는 2023년 말 기준 28,667개의 풍력발전기가 설치되어 있습니다. 지난해 풍력발전으로 생산된 전기는 전체 에너지 생산의 31%를 차지했습니다. 독일의 재생에너지 비율은 2022년에 약 48%였으나 2023년은 55%를 기록하였습니다. 독일은 2030년까지 풍력 및 태양열과 같은 재생 에너지원으로 전력의 80% 생산을 목표로 하고 있습니다. 독일은 "2045년 기후중립"을 목표로 석탄, 석유, 천연가스 등 화석에너지를 풍력, 태양에너지 등 재생에너지로 전환하는 에너지 전환을 계획적으로 추진해 나가고 있습니다. 독일은 2021년 "연방기후보호법" 개정을 통해 1990년 대비 연간 총 온실가스 배출량을 2030년까지 65%, 2040년까지 88%를 감축하고 2045년에 탄소 배출 중립 달성을 목표로 하고 있습니다. 독일은 2023년 4월 마지막 남아 있는 원자력 발전소 3기를 폐쇄함으로써 60년 원자력발전 역사에 종지부를 찍었습니다. 우크라이나 전쟁에 따른 에너지원 부족과 원전이 무탄소 에너지라는 점을 강조하며 원전 가동을 중지해서는 안 된다는 주장도 있었으나 독일 정부는 원전이 안전하지 못할 뿐만 아니라 원전 폐기물 처리가 한계에 도달했다고 하면서 계획대로 원전을 폐기하였습니다. 실제로 과거 바이에른주 국립공원인 Bayerischer Wald(바이에른숲) 일부 지역이 체르노빌 원전 사고 때 낙진 피해를 입었습니다.

갯벌 바다에는 독일이 전 세계에 자랑하는 최고의 고급 휴양지 Sylt(쥘트)섬과 그 섬의 작은동생인 Amrum(암룸)섬이 있습니다. 암룸은 자동차가 없는 휴양지로 순도 100% 자연과 함께 휴가를 보내고 싶은 사람들이 찾는 곳입니다. 육지에서 좀 더 가깝고 좀 더 많은 주민이 거주하고 있는 Föhr(피르)섬도 꼭 찾아가야 하는 보물 같은 곳입니다. 갯벌 바다 남단 지역에는 유황온천의 해변 휴양지인 St. Peter-Ording(쌍트. 페터-오딩)이 여행객을 기다리고 있습니다. 상트. 페터-오딩은 2km가 넘는 넓이에 10km가 넘는 광대한 은빛 모래 해변을 자랑하는 곳입니다. 바닷물이 밀려왔다 밀려가는 해변에는 높이 5m가 넘는 말뚝 위에 집이 있습니다. 해변을 따라 드문드문 이어지는 Pfalhaus(말뚝집)는 고급 레스토랑과 카페로 휴양객을 기다리고 있습니다. 그곳에 앉아 따뜻한 커피와 함께 붉은 피를 토하며 북해 바다로 사라져 가는 태양과 일몰이 남긴 붉은 석양 노을을 바라보는 것은 꿈이라고 할 수밖에 없습니다.

갯벌 바다와 갯벌 바다에 인접한 농촌지역을 Nordfriesland(노르트프리스란트)라고 합니다. 이 지역의 대표 도시는 독일의 사실주의 문학의 가장 중요한 시인이며 작가 중의 한 명인 Theodor Storm(테오도르 스톰)의 고향인 Husum(후줌)입니다. 스톰은 그의 유명한 시 〈Die graue Stadt am Meer(바닷가의 회색 도시)〉에서 고향에 대한 애틋한 사랑을 고백했습니다.

Am Strande weht das Gras. Dort hängt mein ganz Herz an dir. Du graue Stadt am Meer(해변의 풀잎이 바람에 날리고 있네. 내 마음은 그곳에 있는 너에게 매달려 있네. 너 바닷가의 회색 도시에.)

후줌 시내에 있는 스톰의 박물관은 독일어권에서 가장 유명한 문학기념관으로 우리를 기다리고 있습니다. 스톰은 자기의 고향을 "바닷가의 회색 도시"로 표현했지만, 바닷물이 빠지고 드는 갯벌을 바라보고 있는 도시의 모습은 화려하고 밝습니다. 마도로스의 분위기가 물씬 풍기는 카페와 작은 선물 가게는 사랑스러운 모습으로 여행객의 발길을 부여잡고 놓아주지 않습니다. 쌀쌀한 북해 바람이 옷깃을 여미게 하는 3월이지만 Husumer Schloss(후줌성)의 드넓은 정원은 꽃바다 물결입니다. 그 화려한 꽃의 대향연을 보기 위해 독일 각지에서 모여드는 관광버스가 작은 도시를 삼켜 버릴 듯합니다. 바로 1백만 송이 넘게 피어나는 Krokusblüte(크로커스 개화)입니다. 독일 사람들은 히아신스, 나르시스(수선화), 튤립보다 먼저 피는 크로커스를 봄의 전령으로 부르며 좋아합니다. 또한 크로커스 꽃술에서 세계에서 가장 비싼 향신료인 Saffron(샤프란)이 추출됩니다. 그 귀한 꽃이 연분홍의 꽃바다를 만들어 바닷가의 회색 도시를 화려

언제나 내 마음 안에 있는 독일

한 옷으로 덮습니다. 꽃이 만개할 때를 맞춰 크로커스 축제도 개최됩니다. 시인의 도시 3월은 눈부시게 황홀합니다.

쥘트는 하늘과 땅이 만나는 낙원입니다. 40km에 달하는 은빛 고운 모래 해변이 펼쳐진 독일의 최북단에 있는 섬은 북해의 여왕으로 불리웁니다. 30m가 넘는 Rotes Cliff(붉은 절벽), 에리카와 해당화가 만발한 황무지와 모래언덕, 북해의 바닷바람에 춤추는 갈대, 낭만 가득한 예쁜 초가집, Strandkorb(나무 지붕이 달린 해변 의자). 쥘트는 말로 설명할 수 없습니다. 직접 보고 느껴야 합니다. 다른 방법이 없습니다.

40km 명사백리의 섬은 전통적으로 독일 상류사회의 만남의 장소입니다. 많은 부유한 독일 사람들이 휴가용 주택을 보유하고 있고 이곳에서 휴가를 보내고 있어 독일에서 가장 물가가 높은 곳이기도 합니다. 어디를 가든 화려함과 부유함이 따라다닙니다. 해변 뒤 모래언덕과 황무지 길을 따라가는 하이킹은 독일 어디에서도 볼 수 없는 독특한 사구 풍경으로 안내합니다. 모래언덕과 황무지의 결합은 독특한 해안선 모양과 함께 독일 최고의 휴양지를 만들어 내고 있습니다. 쥘트는 힌덴부르크 제방길로 육지와 철도로 연결되어 있습니다. 함부르크-알토나역에서 쥘트까지 거의 1시간 간격으로 열차(Sylt Shuttle)가 다니고 있습니다. 여름철에는 독일 남부 알프스 지역에서 출발하는 야간 기차도 있습니다. 쥘트에서 멀지 않는 육지에서 자동차를 기차에 싣고 가는 Autozug(자동차 기차)도 수시로 다니고 있습니다. 쥘트에는 공항도 있습니다. 이렇듯 에리카와 해당화가 춤추는 북해의 섬은 지역에만 알려진 휴가지가 아닙니다. 지역을 넘어 독일과 유럽에 알려진 세계적인 고급 휴양지입니다. 독일 사람들은 특이한

모양의 해안선을 자랑하는 휴양 섬의 스티커를 차 뒤에 부착하고 다니는 것을 좋아합니다. "내 뒤에 크고 멋진 차 타고 다니는 사람아, 작고 오래된 차 타고 다닌다고 나를 무시하지 말라고. 이래 봐도 쥘트에서 휴가 보냈던 사람이야. 쥘트에서 휴가를 보냈다고. 알았어."

노르트프리스란트는 Pharisäer(바르세인)와 Tote Tante(죽은 이모)로 유명한 곳이기도 합니다. Pharisäer는 럼주를 넣고 크림 토핑을 올린 커피입니다. Tote Tante는 카카오에 럼주를 넣고 크림 토핑을 올린 것입니다.

19세기 노르트프리스란트 지역에 금욕을 철저하게 지키는 목사가 신도들에게 절대 술을 마시면 안 된다고 했답니다. 하지 말라고 하면 어긋나게 더 하고 싶은 충동이 드는 것은 어디에서나 다 같은 것 같습니다. 어느 추운 겨울날, 아기에게 세례를 주는 날, 아기의 부모와 이웃들이 몸을 녹이기 위해 축하주로 커피에 럼주를 넣어 마시면서 목사에게는 그냥 커피라며 권했다고 합니다. 얼굴이 붉어지면서 취기를 느낀 목사가 "이것이 뭡니까? 혹시 이 안에 술 들어 있는 것 아닙니까?" "예, 사실은 목사님, 날씨가 추워서 몸 좀 녹이려고 커피에다가 럼주를 조금 넣었어요. 목사님을 속이려고 한 것은 아니에요. 이해하여 주시면 좋겠어요." "내가 술을 마시지 말라고 목이 아프도록 이야기했건만 내 말을 무시하고 어리석게 용서하지 못할 죄를 짓다니요. 당신들은 모두 바리새인이요, 바리새인." 이렇게 해서 Pharisäer 커피가 탄생하게 되었습니다. 바리새인 커피는 파란색으로 Pharisäer라는 단어와 문양이 들어가 있는 흰색 커피잔에 마십니다. 바리새인은 기독교 전통을 지닌 유럽 등 많은 나라에서 독선적이며 위선적인 사람을 지칭하는 단어입니다.

언제나 내 마음 안에 있는 독일

같은 19세기에 노르트프리스란트에서 태어나고 자랐던 여성이 미국으로 이주하였는데 그곳에서 고향을 그리워하다 죽었다고 합니다. 고향 땅에 묻히고 싶어 했으나 가난하여 시신을 옮길 수가 없었다고 합니다. 그래서 화장하여 작은 유골함을 카카오 상자에 숨겨 고향으로 보내게 되었다고 합니다. 19세기는 독일에 본격적으로 카카오가 수입된 시기였습니다. 어느 추운 겨울날 죽은 여성의 조카와 마을 사람들이 유골함을 땅에 묻고 불쌍한 그녀의 운명을 슬퍼하면서 카카오에 럼주와 크림을 올려 마셨다고 합니다. 그렇게 "죽은 이모"가 탄생하게 되었습니다.

이런 사연으로 탄생했다고 하더라도 사람이 즐기는 커피와 카카오 음료의 이름을 좀 예쁘게 하면 좋았을 텐데, 세상에 "바르세인, 죽은 이모"라니. "오늘 날씨도 우중충하고 추운데 따뜻한 바르세인 한 잔 마실까요. 아니면 죽은 이모를 한 잔 마실까요?" 독일 사람들 참 분위기 없습니다. 북부 독일 사람들은 추운 겨울에 특히 Pharisäer와 Tote Tante를 즐겨 마십니다.

독일 최고의 고급 휴양지인 쥘트에 가면 여유롭게 휴가를 보내고 있는 독일 할머니, 할아버지들을 쉽게 볼 수 있습니다. 은퇴하고 여생을 편하게 보내고 있는 그들이 참 멋져 보입니다. 그렇다고 돈 많은 사람만 고급 휴양지에서 휴가를 즐기고 있는 것은 아닙니다. Sylt Shuttle을 이용하여 그곳을 찾아 힐링하고 있는 보통의 할머니, 할아버지들도 참 많습니다.

독일 사람들은 유럽에서 여행과 휴가를 가장 많이 보내는 것으로 알려져 있습니다. 돈을 버는 이유가 여행과 휴가 때문이라고 해도 과장이 아닙니다.

독일 할머니, 할아버지들은 하루하루 사는 것이 쉬는 것이고 휴가인데 그것으로는 결코 만족하지 못하는 모양입니다. 별도의 휴가가 그것도 긴 휴가가 필요한 모양입니다. 나이가 들어 자가 운전이 부담되기 때문에 관광버스, 기차, 비행기를 주로 이용하여 휴양지에서 여유로운 휴가를 보냅니다. 그러나 노인들이 모두 휴가를 즐기는 것은 아닙니다. 독일의 노년 빈곤율은 약 17%입니다. 독일에서 Armut(빈곤)의 개념은 "세끼 밥을 먹지 못한다."라는 의미가 아닙니다. 문화생활, 여행, 휴가 등 인간다운 삶을 누릴 수 없는 경제적인 어려움을 의미합니다. 17%의 독일 할머니, 할아버지들은 경제적으로 여유가 없어 가고 싶은 여행과 휴가를 포기하고 거주하고 있는 동네만 맴돌아야만 하는 처지입니다.

독일에 거주하고 있는 우리 지상사 주재원과 교포들은 "지구는 독수리 5형제가 지키고 독일은 할머니가 지킨다."라는 우스갯소리를 합니다. 우리나라 TV 방송에서 인기리에 방영되었던 공상과학 만화영화의 독수리 5형제가 지구를 지키듯이 독일은 독수리 눈을 가진 할머니가 지키고 있습니다. 휴가를 떠나면 다 잊어버리겠지만 휴가를 가지 않고 집에 있으면 모든 것이 걱정되어 잠이 오지 않는 모양입니다. 커튼 넘어 할머니 독수리 눈이 여기저기에서 내려다보고 있습니다. 길거리에서 조그만 잘못이라도 저질렀다간 할머니 독수리 눈에 그냥 잡히고 맙니다. 휴가를 가지 않은 독일 할머니들은 오늘도 변함없이 커튼 뒤에 숨어 독수리 눈으로 독일을 열심히 지켜 나가고 있습니다. 할머니의 독수리 눈이 무섭다고 피하지 말고 우리 모두 힘을 합쳐 북해의 여왕, 지상낙원 쥘트로 휴가를 보내줍시다.

언제나 내 마음 안에 있는 독일

휴가에 진심인 독일은 정치인도 여름에는 만사 제쳐두고 푹 쉽니다. Bundestag(연방하원)은 보통 여름 2개월 휴원합니다. 이를 독일어로 Politische Sommerpause(정치인의 여름휴가)라고 합니다. 독일은 의원내각제 국가이기에 의회와 행정부가 상호 밀접하게 연결되어 있습니다. 연방하원이 문을 닫기 때문에 총리를 비롯하여 행정부 각료들도 여름휴가를 갑니다. 그러나 국정을 책임지고 있는 자리에 있어 연방하원 의원들과는 달리 통상 1달을 여름휴가로 보냅니다. 통일을 달성한 Helmut Kohl(헬무트 콜) 총리는 총리로 재임했던 16년 동안 한 번도 예외 없이 오스트리아 알프스 Wolfgangsee(볼프강호수) 근처에서 휴가를 보냈습니다. 스스로 자기의 체중을 "독일연방공화국 1호 1급 비밀"이라며 우스갯소리를 하곤 했던 거구였던 그는 호수에서 수영 등 수상스포츠를 즐길 생각도 하지 않고 조그만 별장에 앉아 졸고 있었다고 합니다. 워낙 거구여서 물에 뜨지도 않을 것 같아 스스로 호수에서 수영을 포기한 것 같습니다. 콜 총리는 독일에서 가장 재미없게 여름휴가를 보낸 정치인으로 비공식 기록되었을 겁니다. Merkel(메르켈) 총리도 3성급 Landgasthof(여관급 호텔)에서 경호원 2명을 대동하고 남편과 함께 아주 검소하게 휴가를 보내고 있는 것이 독일 언론에 보도되기도 했습니다. 그러나 그녀는 가장 재미없게 휴가를 보내는 총리로 역사에 남고 싶지 않아 콜 총리와는 다르게 매년 다른 곳에서 휴가를 보냈습니다.

(Hamburg)

언제나 내 마음 안에 있는 독일

2.
Schlei, 강도 아닌 것이 바다도 아닌 것이

북부 독일 Schlei(슐라이 : 만)의 흐름을 지켜보고 있으면 "나무도 아닌 것이 풀도 아닌 것이 곧기는 뉘시기며 속은 어이 비었는가. 저토록 사시에 푸르니 그를 좋아하노라." 고산 윤선도의 오우가 중에서 대나무를 노래하는 시조가 문득 떠오릅니다.

Schlei는 독일의 Ostsee(동해)가 Schleswig(슐레스비히) 시까지 약 40km 정도 안으로 깊이 들어온 만입니다. 슐라이는 바다에서 내륙으로 들어오면서 좁은 강과 넓은 호수의 모습을 번갈아 보여 줍니다. 슐라이 가장자리를 따라 끝없이 펼쳐진 수변 갈대의 아름다움은 말로 설명하기 어렵습니다. 물안개가 피어나는 평화로운 물의 흐름은 여행객과 휴가객의 영혼을 달래 주는데 부족하지 않습니다. 북부 독일에서 가장 낭만적인 지역이라고 할 수 있습니다. 덴마크와 국경을 이루고 있는 독일의 최북단에 있는 도시 Flensburg(플렌스부르크)도 슐라이가 입맞춤하는 또 다른 도시입니다.

슐라이는 바닷물이 육지 안으로 깊이 들어오지만 육지에서도 조그만 개천과 강이 흘러 들어가기 때문에 바닷물에 비해 염도가 낮습니다. 독일어로 Brackwasser라고 하는데 담수 반 해수 반이라고 생각하면 됩니다.

언제나 내 마음 안에 있는 독일

깊이가 3m 정도에 불과하고 육지 안으로 깊이 들어온 만이기 때문에 조수간만의 차이도 거의 없습니다. 그냥 크고 작은 호수와 강이 서로 연결되어 흐르고 있는 것 같습니다. 그러나 비슷한 폭으로 단조롭게 흐르지 않고 줄었다가 넓어졌다가를 반복하며 아름답고 낭만적인 곡선의 풍광을 보여 주고 있습니다. 해수와 담수가 혼합된 곳이기에 물고기들의 천국이기도 합니다. 특히 Hering(청어)이 바다에서 만으로 올라오는 5월이 되면 슐라이는 청어 반 물 반이 되기도 합니다. 낚싯대를 집어넣으면 1분도 되지 않아 청어가 줄줄이 올라올 정도입니다.

독일 북부 바닷가 도시는 5월이 되면 청어의 고향이 되어 버립니다. 여러 도시에서 청어 축제가 열립니다. 여기 가도 청어 저기 가도 청어, 청어 세상이 되어 버립니다. 독일 사람들은 청어 가시를 제거하고 절반으로 필레를 떠서 식초에 담가 숙성시킵니다. 이를 Matjes(마트에스)라고 합니다. 청어 철이 되면 바닷가 레스토랑 앞은 마트에스 특별요리를 즐기기 위한 사람들로 넘쳐 납니다. 함부르크 등 독일 북부 사람들은 소시지 대신 빵에 마트에스를 넣어 먹는 것을 좋아합니다. 그러나 바다와 가까운 곳에 살고 있지 않은 사람들에게는, 평소 해산물을 즐겨 먹지 않은 사람들에게는 식초에 숙성된 청어 필레 빵은 "가까이하기엔 너무 먼 당신"이 될 수도 있습니다. 시각적으로도 식욕을 끌어올리기 어렵고 첫입에 약간 물컹함과 비릿함을 느낄 수 있기 때문입니다.

2023년 여름 프랑스 마크롱 대통령이 독일을 방문했을 때 Scholtz(숄츠) 독일 총리는 그와 함께 자기의 정치의 고향인 함부르크를 방문했습니다. 함부르크의 동화마을이라고 불리는 Blankenese(블랑케네제) 엘베강 변에서 건너편 Airbus(에어버스) 조립공장을 바라보며 손에 청어 필레 빵을 들고 있는 두 지도자의 모습이 저명 시사 주간지 〈Der Spigel〉에 크게 보도되었습니다. 한입 베어 문 마크롱 대통령의 표정이 상당히 심각하게 보였습니다.

"독일 총리도 참 답이 없는 사람이야. 어떻게 이런 것을 맛있다고, 자랑하고 싶다고 프랑스 대통령인 나를 함부르크까지 끌고 와서 물컹거리고 비릿한 청어 필레 빵을 대접하다니 상당이 거시기하네. 나중에 독일 총리가 프랑스 방문하면 나도 답례로 고약한 것을 한번 대접해야 하겠어. 그렇게 하는 것이 외교에서 항상 강조하고 있는 상호주의 아니겠어."

슐라이는 완만한 물의 흐름으로 수영하기에 안성맞춤인 곳입니다. 여러 곳에 야외 자연 수영장이 있습니다. 카누와 보트 타기에도 최적의 조건을 갖추고 있습니다. 카누와 보트를 대여해 주는 곳이 많아 주말 물놀이하기에 아주 좋습니다. 좋은 위치에, 바로 물가에 캠핑장도 있어 자연을 만끽하며 야영도 할 수 있습니다. 슐라이를 따라 예쁜 마을이 흩어져 있고 심심하지 않게 분위기 있는 카페와 레스토랑이 여기저기 산재해 있어 여행객의 마음을 설레게 합니다.

무엇보다도 독일 TV 시리즈 〈Landarzt(시골의사)〉의 촬영장소였던 Cafe Linderhof는 꼭 한번 가 봐야 하는 곳입니다. 지금도 배우들의 사진이 벽에 걸려 있는 카페는 항상 따뜻하고 친근한 얼굴로 방문객을 기다리고 있습니다. 추억을 간직한 목가적인 장소로 과거로의 추억 여행이 되고도 남습니다. 장미꽃이 만발한 예쁜 정원에서 향기로운 커피와 맛있는 케이크 한 조각으로 Cafe Linderhof는 우리 모두에게 행복의 미소를 선물합니다.

언제나 내 마음 안에 있는 독일

슐라이가 끝나는 곳에 있는 슐레스비히 시의 Haitabu(하이타부) 지역에는 유네스코 세계문화유산에 빛나는 바이킹 거주지역과 박물관이 있습니다. 초기 중세 시대의 바이킹 사람들의 생활상을 보여 주고 있는 바이킹 박물관은 독일에서 가장 중요한 고고학 박물관 중의 하나입니다. 슐레스비히 시내의 섬에 있는 800년의 역사를 지닌 Gottorf Schloss(고토로프성)는 18세기 4명의 스웨덴 왕과 러시아 황제가 태어난 Holstein-Gottorf(홀슈타인-고토로프) 공작 가문의 본성입니다. 정원이 멋지게 꾸며진 고토로프성은 박물관으로 개조되어 방문객을 기다리고 있습니다.

슐라이 지역을 여행할 때 평화로운 자연과 함께 반드시 방문해야 하는 문화사적 기념비가 있습니다. 그것이 바로 Schloss Glücksburg(글릭스부르크성)입니다. 북유럽에서 가장 아름답고 중요한 성으로 필수 여행 코스입니다. 16세기에 흰색 회반죽 벽돌 건물로 아름답게 건축된 르네상스 양식의 성은 호숫물에 투영되어 그 아름다운 자태를 마음껏 자랑하고 있습니다. 글릭스부르크 공작 가문의 성으로 일시적으로 덴마크 군주의 거주지로 사용된 적도 있어 덴마크와도 인연이 깊은 르네상스 건축물입니다.

Flensburg(플렌스부르크)는 덴마크와 국경을 이루고 있는 독일의 최북단 도시입니다. 북부 독일의 주요 항구 도시이며 덴마크와 통하는 교통의 요지이기도 합니다. 중요한 해군기지가 있는 군항으로도 유명합니다. 플렌스부르크는 연방교통청이 소재하고 있는 도시이기도 합니다. 독일의 모든 차량과 독일 시민들의 운전 벌점이 등록된 곳이기에 독일 사람들은 플렌스부르크 하면 자동차 등록과 벌점을 떠올리겠지만 국경도시는 아름다운 낭만 도시입니다. 특히 부티크와 미술관, 카페, 레스토랑이 즐비한

Rote Straße(붉은 거리)는 아주 매력적인 보행자 거리입니다. 시내를 걷다 보면 독일과 덴마크가 공존하는 특유의 혼합된 문화를 느낄 수 있습니다. 덴마크 식당, 덴마크 카페, 덴마크 빵 가게, 그리고 그 옆에 독일 선술집과 카페. 독일의 최북단 도시는 바로 그런 곳입니다.

플렌스부르크는 1871년 독일제국에 귀속되기까지 약 400년 넘게 덴마크 땅이었으며 덴마크에서 두 번째로 큰 도시였습니다. 1864년 독일-덴마크 전쟁에서 프로이센에 패전하여 덴마크는 플렌스부르크를 독일제국에 빼앗기고 말았습니다. 지금도 다수의 덴마크 국민은 옛날의 영화를 떠올리며 다시 덴마크 도시로 돌아오기를 희망하고 있다고 합니다.

독일 정부는 플렌스부르크와 덴마크의 밀접한 역사적인 관계를 고려하여 지역에 거주하고 있는 덴마크 소수민족을 우대하고 그들의 문화를 존중하고 장려하는 정책을 유지하고 있습니다. 국경 지역에는 다수의 덴마크 학교와 도서관, 교회 등이 활발하게 활동하고 있습니다. 다수인 독일 민족도 덴마크 소수민족과 공존하며 건전하고 건강한 공생관계를 유지하고 있습니다. 덴마크 소수 사회는 독일 내에서 가장 모범적인 공동체로 평가받고 있습니다.

덴마크 소수민족을 대표하는 정당인 SSW가 플렌스부르크 시의회의 제1당의 지위를 차지하고 있습니다. 슐레스비히—홀스타인주 의회 선거에서도 5%를 넘게 득표하여 4석으로 주의회에 진출하였습니다.

독일연방공화국의 건국의 아버지(헌법제정권력)들은 바이마르 공화국

언제나 내 마음 안에 있는 독일

때의 극심한 정정 불안을 고려하여 5% 저지 조항과 건설적 불신임 제도를 독일연방공화국 기본법(헌법)에 명문화했습니다. 이 두 가지 기가 막힌 제도 덕분에 오늘날 독일은 유럽 내에서 최고의 정치적인 안정을 누리고 있습니다. 군소정당의 난립을 막기 위해 5%를 넘지 않은 득표는 모두 사표 처리되어 원내 진출이 저지되도록 하는 제도입니다. 5%가 너무 높아 유권자의 정치 의사가 제한될 수 있다고 하면서 3%로 하향 조정하자는 헌법소원이 제기되기도 하였으나 독일 헌법재판소는 정치 안정화에 크게 기여하고 있는 제도라며 합헌 결정을 내렸습니다.

그러나 처음부터 5% 저지 조항의 예외가 인정되는 경우가 있습니다. 슐레스비히-홀스타인 주의회 선거와 그 주의 지방선거에 출마하는 SSW(덴마크 소수정당)에 대해서는 유일하게 5% 저지 조항을 예외로 인정하고 있습니다. SSW는 예외 규정으로 5% 미만을 득표하더라도 사표 처리되지 않고 득표율만큼 의석을 보장받아 소수민족의 이익을 대변할 수 있습니다. 독일 정부의 덴마크 소수민족에 대한 존중과 그에 따른 평화로운 공존을 다시 한번 생각해 봅니다.

(Schlei)

언제나 내 마음 안에 있는 독일

3.
한자 도시의 여왕, Lübeck의 구시가지를 거닐며

함부르크 차량번호판은 HH로 시작합니다. 1991년 8월 함부르크에 첫 발을 디뎠던 나의 눈에 HH 번호판을 단 차량이 꼬리에 꼬리를 물고 스쳐 지나갔습니다. 길거리에 주차된 차들도 모두 HH를 달고 있었습니다. "HH가 뭐지? Hamburg 도시 이름에 H 철자가 하나뿐인데. 어떻게 HH가 될 수 있지?" 함부르크에 첫발을 디딘 나에겐 다른 세상이 낯설고 신기해 보였습니다. 33년 전 나의 궁금함과 낯섦이 이제는 시간의 흐름과 함께 감히 독일에 대해 글을 써 보겠다는 무모함이 되어 버렸고 독일에 대해 뭔가 아는 척하는 사람이 되어 버렸습니다. HH는 Hansestadt Hamburg(한자 도시 함부르크)입니다. 마찬가지로 다른 한자 도시인 Bremen(브레멘)과 Lübeck(뤼벡)의 차량번호판도 Hansestadt의 H가 포함되어 HB, HL입니다.

함부르크에서 근무하고 있을 때 이탈리아 북부 토스카나를 여행한 적이 있었습니다. 그때 호텔 주차장에서 HB 번호판을 달고 있는 차량을 발견했습니다. "어, HB 브레멘에서 왔네!" 같은 호텔에 함부르크 이웃사촌인 브레멘 사람이 체류하고 있어 반가운 마음이 들었으나 그것으로 나의 반응은 끝이었습니다. 그러나 브레멘에서 온 독일 사람은 HH 번호판을 보고 나보다 더 반가운 마음이 들었나 봅니다. 호텔 레스토랑에서 아침을

언제나 내 마음 안에 있는 독일

먹고 있는데 "여기 혹시 함부르크에서 온 사람 있습니까?" 나보다 약간 더 나이 들게 보인 그 독일 남자는 선한 인상이었습니다. 무척 반가워하면서 나를 커피에도 초대했습니다. 그는 웃는 모습으로 "우리는 한자 도시의 형제입니다."라며 목소리를 높였습니다. 브레멘에서 HH 번호판이나 함부르크에서 HB 번호판은 바로 이웃 도시 번호판이기에 관심을 받지 않겠지만, 이탈리아 차량번호판 사이에서의 HH와 HB 번호판은 "타지에서는 고향 까마귀만 봐도 반갑다."라는 메시지와 함께 그렇게 눈부시게 반짝였습니다.

함부르크에서 남서쪽으로 약 100km 지점에 브레멘이 있고 함부르크에서 북동쪽으로 약 65km 지점에 뤼벡이 있습니다. 뤼벡은 엎어지면 코 닿을 수 있는 가까운 거리에 있어 "심심한데 뤼벡이나 다녀와야지." 하면서 자주 찾았던 한자 도시였습니다. 처음으로 뤼벡을 찾았을 때 공원에서 잠시 쉬면서 옆에 있는 시민들과 자연스럽게 이야기를 나누게 되었습니다. 함부르크에서 왔다고 나를 소개하면서 "함부르크는 큰 집이고 뤼벡은 작은 집."이라고 생각 없이 그렇게 말했습니다. 그러나 그 독일 사람들은 내 말에 정색하면서 고개를 좌우로 흔들었습니다. "아닙니다. 뤼벡은 함부르크의 작은 집이 결코 아닙니다. 오히려 큰 집입니다. 함부르크보다 더 한자동맹의 중심도시였으며 한자동맹의 수도였습니다. 뤼벡은 한자 도시의 여왕이에요." 함부르크가 뤼벡보다 인구수가 9배 정도 더 많고 독일의 16개 연방주의 하나이기 때문에 생각 없이 그렇게 말했는데 나의 사려 깊지 못한 말이 한자 도시의 사람들을 불편하게 했던 것 같습니다. 한자 도시의 여왕을 여러 번 찾아가면서 그 도시의 찬란한 역사와 문화를 알면 알수록 나의 수준 낮음이 부끄러웠습니다. "무식하면 용감하다."라는 표현이 내게 어울렸던 첫 방문이었습니다. "독일어 몇 마디 할 줄 아는 동양 사람이 아무것도 모르면서 우리의 영원한 자부심인 한자 도시와 관련하여 황당한 소리를 하고 있으니, 참 기가 차서 할 말이 없네." 그들은 분명 그렇게 이야기했을 것입니다.

뤼벡은 13, 14세기 북유럽에서 가장 중요한 도시 중의 하나였습니다. 한자동맹의 수도로서 찬란한 위상을 가지고 있는 도시였습니다. 1226년부터 1937년까지 711년 동안 자유도시의 지위를 가진 도시국가였습니다. 7개의 교회 탑이 있는 "7탑의 도시"인 구시가지는 1987년 유네스코 세계문화유산으로 지정되었습니다. 구시가지는 수로에 둘러싸인 타원형의 섬나라입니다. 고딕양식부터 르네상스 양식까지 다양한 양식이 혼합된 시청사 건물과 뤼벡의 상징인 Holstentor(홀스텐 문), 성문, 성령병원, 교회, 다양한 붉은 색의 벽돌 박공식 건물, 소금 창고 등 발길 닿는 곳이 거의 모두 문화재입니다. 뤼벡 구시가지에는 아주 독특한 90여 개의 좁은 복도와 안뜰이 있습니다. 중세 한자동맹 시대에 일용직 노동자를 위해 지어진 아주 작고 좁은 판잣집 복도와 그 뒤에 숨어 있는 작은 뜰은 구시가지 한가운데 있는 조용한 오아시스입니다. 복도와 안뜰은 길에서 자유롭게 접근할 수 있습니다. 천천히 여유롭게 거닐다 보면 한자 도시의 찬란한 역사와 문화를 자연스럽게 느껴 볼 수 있습니다.

구시가 중심에 있는 Marienkirche(마리엔 교회)는 2차세계대전 때 연합국의 공중폭격으로 종탑이 파괴되면서 종루의 종이 그대로 땅에 박혀 있습니다. 땅에 절반 정도 박혀 있는 종은 "전쟁 경고물"로 방문객을 기다리고 있습니다. 전쟁 경고물 앞에 서면 그냥 숙연해집니다. 뤼벡은 2차세계

언제나 내 마음 안에 있는 독일

대전 때 영국 공군에 의해 파괴된 최초의 독일 도시입니다. 1942년 3월 28일과 29일 휘영청 밝은 보름달 아래 영국 공군은 한자 도시를 도시 폭격을 위한 실험물로 만들었습니다. 약 2만 5천 개의 소이탄이 투하되어 구도시 대부분이 쑥대밭이 되었습니다. 영국 공군은 해안 근처에 있어 폭격기 조종사가 쉽게 찾을 수 있고 대공방어가 다소 취약하며 구시가지가 화재에 취약한 점을 고려하여 뤼벡을 실험 대상으로 결정했다고 합니다. 뤼벡 폭격 이후 자신감을 얻게 된 영국 공군은 본격적으로 독일 도시에 대한 무자비한 폭격을 감행하였습니다.

Travemünde(트라베뮌데)는 뤼벡 구시가지에서 약 17km 떨어진 발틱해(동해)에 있는 고급 해변 리조트입니다. 트라베뮌데 옆으로 10km가 넘는 명사백리 리조트 지역인 Timmendorferstrand(팀엔도르프 백사장)이 이어집니다. 팀엔도르프 백사장 지역은 고급 레스토랑과 카페로 아주 유명합니다. 뤼벡 구시가지에서 한자 도시의 역사와 영광을 둘러보고 트라베뮌데와 팀엔도르프 백사장에서 발틱해의 짭짤한 미풍과 함께 은빛 모래에 발자국을 남기는 여행은 오랜 추억으로 기억될 것입니다.

뤼벡은 인구 20만 정도의 도시이지만 독일 문학사에 걸출한 작가를 배출한 문학의 도시입니다. 노벨문학상 수상자로서 20세기 최고의 독일 작가로 평가받고 있는 Thomas Mann(토마스 만)이 뤼벡에서 태어나고 자랐습니다. Marienkirche(마리엔 교회) 옆에 그가 태어나고 자랐던 Buddenbrockhaus가 박물관이 되어 그를 존경하는 방문객을 기다리고 있습니다. 그는 세련된 언어표현뿐만 아니라 깊은 사상과 식견을 가진 작가로 또한 반나치 운동을 적극적으로 전개했던 사람으로 존경받고 있습니다. 그는 스위스 취리히에서 사망했고 근 근처 묘지에 묻혔습니다. 〈토니오 크뢰거〉, 〈부덴부르크가〉, 〈마의 산〉, 〈베니스의 죽음〉 등의 명작을 남겼습니다. 그의 자서전적 소설 〈토니오 크뢰거〉와 한자 도시 귀족 가문의 몰락을 다룬 〈부덴부르크가〉를 읽고 그의 박물관을 찾으면 더 의미 있을 것 같습니다.

Danzig(단치히) 자유시(현재 폴란드 그단스크)에서 태어나 뤼벡에서 성장하고 활동하다 한자 도시에 묻힌 또 다른 노벨문학상 수상자인 Günther Grass(귄터 그라스)는 한자 도시와 결코 분리할 수 없는 작가입니다. 나치의 부상과 2차세계대전이 단치히에 미친 영향에 초점을 둔 Die Blechtrommel(양철북)이 그의 대표적인 작품입니다. 귄터 그라스는 사민당의 정책을 적극적으로 지지했던 노벨문학상 작가이기도 했습니다.

독일의 패망으로 1차세계대전이 막을 내리고 베르사유 조약에 따라 서프로이센의 상당 부분이 폴란드에 할양되고 동프로이센은 독일제국(바이마르 공화국) 본토와 분리되어 버립니다. 전승국은 서프로이센 지역에 폴란드인이 다수 거주하고 있다는 것을 근거로, 즉 민족자결주의를 근거로 독일 도시였던 단치히를 국제연맹의 보호 아래 두는 자유시로 만들고 단치히 인근 지역을 폴란드 영토로 귀속시켜버렸습니다. 그러나 이러한 조치는 폴란드에 발트해 진출권을 확보해 주려는 전승국의 속셈이었습니다. 단치히는 1차세계대전 전에는 동프로이센에 속하는 도시였는데 베르사유 조약에 따라 자유시로 되었다가 나중에 폴란드에 흡수되어 폴란드 도시가 되어 버립니다. 히틀러에게 단치히 회랑은 받아들일 수 없는 독일의 수치였습니다. 단치히 회랑 문제가 아니었어도 히틀러가 폴란드를 침공했겠지만, 단치히 회랑이 히틀러에게 침공의 구실을 준 것은 부인할 수 없는 사실입니다. 귄터 그라스는 단치히가 자유시였던 1927년에 태어났습니다.

뤼벡은 또한 Ostpolitik(동방정책)으로 독일 통일의 문을 열었던 Willy Brandt(빌리 브란트) 총리가 태어난 도시입니다.

나치 반대자, 노르웨이 망명, 서베를린시장, 외교부장관, 총리, 노벨평화상 수상자, 사민당(SPD) 의장, 사회주의 인터네셔널 의장 등 그의 화려한 역사는 독일 민주주의 발전의 역사였습니다. 또한 소련, 동독을 포함한 동구 사회주의 국가와 관계를 증진하는 역사였습니다. 시기상조라는 보수우파의 반대를 무릅쓰고 그는 총리가 되자마자 동방정책을 적극적으로 추진해 나갔습니다. 그의 동방정책의 핵심은 Wandel durch Annäherung(접근을 통한 변화)입니다. 영화 〈Godfather(대부)〉에서 비토 코를레오네의 "친구는 가깝게, 적은 더 가깝게."라는 명대사처럼 소련과 동독 등 사회주의 국가를 적으로 멀리하지 말고 접근하여 문을 계속 두드려야 한다는 "접근을 통한 변화"가 그의 핵심 외교정책이었습니다. 그렇게 노력한 결과 빌리 브란트 총리는 모스크바 조약, 바르샤바 조약, 프라하 조약을 체결하여 소련과 관계를 개선하고 폴란드, 체코슬로바키아와 외교관계를 수립하였습니다. 또한 베를린 협정, 동-서독 기본조약을 체결하여 서베를린의 안전을 보장하고 서베를린과 서독 사이의 통행도 보장함으로써 빌리 브란트 총리는 동방정책의 주요 목표를 달성하였습니다. 동방정책이 달성됨으로써 서독은 소련 및 동유럽 국가들과 관계 증진은 물론 동독과의 관계도 더욱 활성화되어 동-서독 관계가 새로운 국면에 접어들었습니다. 빌리 브란트 총리는 동방정책의 공로로 1971년 노벨평화상을 받았습니다.

빌리 브란트 총리는 Kniefall(무릎 꿇기)로 독일은 물론 전 세계적으로 유명한 정치인이 되었습니다. 바르샤바 조약을 체결하기 위해 1970년 12월 7일 폴란드를 방문한 빌리 브란트 총리는 유대인 게토 봉기 기념비에 헌화하고 빗물에 축축해진 대리석 바닥에 무릎을 꿇고 묵념하며 나치의 만행을 반성하고 사죄하였습니다. 그의 역사적인 무릎 꿇기는 아무도 생각하지 못했으며 참모진도 모르고 있었던 충격적인 행동이었습니다. 당시 독일의 저명 시사 주간지 〈Der Spigel〉의 긴급 여론조사에 따르면 빌리 브란트 행동이 총리로서 지나친 행동이었다며 48%가 부정적인 반응을 보였으며 41%가 찬성하였습니다. 그러나 그의 행동으로 빌리 브란트 총리의 인기는 절정에 달했으며 다음 총선에서 그가 이끈 사민당이 원내 1당이 되어 총리에 재임하게 되었습니다.

빌리 브란트 총리는 무릎 꿇기를 회상하며 "독일 역사의 절망의 구렁텅이에서 수백만 희생자의 영혼의 짐을 어깨에 짊어진 상황에서 언어가 그 고통을 설명해 줄 수 없을 때 사람들이 행동으로 보여 줄 수 있는 것을 내가 했을 뿐이다."라고 담담하게 언급했습니다.

1992년 10월 8일 열정과 헌신으로 독일을 이끌었던 빌리 브란트 총리는 79세의 나이로 독일 국민 곁을 떠났습니다. 베를린 Bundestag(연방하원) 건물에서 Staatsakt(국장)이 거행되었습니다. 국장은 전 독일에 TV로 생중계되었습니다. 나도 TV 앞에 앉아 생중계되고 있는 국장을 보면서 애도하고 있었습니다. 독일 대통령, 총리, 하원의장, 사민당 의장 등 주요 인

언제나 내 마음 안에 있는 독일

사의 조사에 이어 마지막으로 사회주의 인터네셔널 의장인 스페인의 곤잘레스 총리가 스페인어로 고인을 추모했습니다. 그의 조사는 동시통역되었습니다. 약간 울먹이는 목소리로 "Adios Amigo, Adios Amigo"를 마지막으로 조사를 마쳤습니다. "친구여 잘 가게, 친구여 잘 가게."

4.
Mecklenburgische Seenplatte, 물 위의 천국 물 옆의 천국

2월, 나무에는 아직 새싹이 돋지 않고 있지만 베를린 시내 꽃가게에는 히아신스, 수선화, 튤립 등 봄을 알리는 꽃이 화려하게 미소 짓고 있었습니다. 예쁜 봄꽃에 내 눈은 멀고 심장은 뛰고 있었습니다. 2월이 지나가고 3월의 베를린이 내 곁에 찾아왔습니다. 따뜻한 봄바람과 함께 나는 베를린 박람회장을 찾아갔습니다. 나의 발걸음보다 마음이 먼저 그곳에 다다랐습니다. 어디에다 내 눈을 둬야 할지 몰랐습니다. 어디로 가야 할지 몰랐습니다. 나의 심장은 마침내 쿵쿵 소리내기 시작했습니다.

매년 3월 초 베를린 박람회장에서 개최되는 Berlin ITB는 약 170개국, 1만 개의 전시업체가 참가하는 세계 최대 규모의 국제관광 박람회입니다. 그 규모와 화려함이 방문객을 압도하고도 남습니다. 박람회에 참가하는 나라와 단체는 고유한 문화축제와 먹거리까지 동원하며 방문객을 사로잡기 위해 갖은 노력을 다하고 있었습니다. 우리나라 관광공사도 아름다운 자연과 찬란한 문화유산을 홍보하느라 정신이 없었습니다. 독일의 16개 연방주가 각각 대형 전시장을 갖추고 공세적으로 관광 홍보를 전개하고 있었습니다. 전시장을 둘러보고 있는 나의 눈은 Mecklenburg-Vorpommern(메클렌부르크-포어폼머른주)의 "Ein einziges Paradies auf der Erde, Meckenburgische Seenplatte(지구상의 유일한 천국, 메클렌부르크 호수 지구)"라고 쓰인 대형 현수막 앞에 멈춰 섰습니다.

"알프스, 지중해 등이 천국이면 천국이라고 할 수 있지 단조롭고 평평한 북부 독일이 어떻게 천국이야. 아무리 관광 홍보라고 하지만 허풍이 대단하네." 그러면서도 나는 호수 지구의 관광 홍보 책자를 손에 쥐었습니다. "그래, 한번 가 보자. 직접 가서 내 눈으로, 내 마음으로 보고 느껴 보자. 진짜 천국인지 아닌지."

베를린에 근무할 때 나는 여러 번 호수 지구를 찾았습니다. 처음에는 아침 일찍 출발하여 저녁에 돌아오는 당일 여행으로, 두 번째에는 1박 2일로, 세 번째는 3박 4일로 그곳에서 휴가를 보냈습니다. "그곳이 천국이었다." 그렇게 직설적으로 호수 지구를 평가하고 싶지 않습니다. 베를린에 근무하는 동안 여러 번 그곳을 찾았고 갈수록 오래 머물렀습니다. 더 이상 무슨 말이 필요하겠습니까.

Mecklenburg-Vorpommern(메클렌부르크-포어폼메른주)는 독일 북동부 발틱해(동해)를 품은 곳입니다. 구동독 지역으로 농업과 관광이 주된 산업입니다. 16개 연방주에서 6번째로 면적이 크지만, 인구수는 14번째 인구밀도는 16위로 제일 아래에 있습니다. 메클렌부르크-포어폼메른주는 2천 개 이상의 자연 호수가 있는 지역으로 유명합니다. 손상되지 않은 자연, 깨끗한 공기와 목가적인 환경이 특징입니다. 메클렌부르크-포어폼메른주를 자동차 또는 기차로 여행하다 보면 차창에 스치는 것은 호수와 초원뿐입니다. 가도 가도 끝이 없는 자연뿐입니다. 마을과 작은 도시들이 가끔 눈에 나타나 "아~ 여기도 사람 사는 곳이구나."를 느끼게 됩니다.

언제나 내 마음 안에 있는 독일

호수 지구는 약 1,100개의 자연 호수를 품고 있는 땅입니다. 물 반 땅 반인 독일의 핀란드입니다. 스탠드 패들링, 카누, 카약, 수영, 하우스 보트 휴가 등 수상스포츠의 진정한 엘도라도입니다. 호수 지구를 찾는 사람은 언제나 물 위에, 물 옆에 있게 됩니다. 물을 피할 수 없습니다. 잠자는 시간 외에는 물과 함께 할 수밖에 없는 운명입니다. 그러나 아름다운 호수와 함께하는 행복한 운명입니다. 호수 지구는 빛 공해가 거의 없어 늦은 저녁 호수 위로 쏟아지는 별들의 잔치에도 초대받게 됩니다.

호수 지구는 낚시꾼들에게도 천국입니다. 여기저기 호수에 낚싯대를 넣기만 하면 무지개송어 등 민물고기가 줄줄이 올라옵니다. 그러나 독일에서 바다낚시는 아무런 제약이 없으나 강과 호수에서 하는 민물낚시는 Angelschein(낚시허가증)이 있어야 가능합니다. 낚시허가증을 받기 위해서는 약 30시간 교육을 이수해야 하며 그중 이론교육이 25시간 낚시 실습 시간이 5시간 정도 됩니다. 보통 5년 유효기간의 낚시허가증을 취득하는데 연방주마다 다르지만 25유로에서 70유로 정도 수수료를 내야 합니다. 물고기 종류, 물고기의 습성 등과 관련하여 공부하고 특히 물고기를 잡았을 때 어떻게 처리해야 하는지에 대한 교육을 받습니다. 물고기를 잡아 산채로 가두어 두면 안 됩니다. 넓은 강과 호수에서 평화롭게 놀다가 재수 없이 낚시에 걸린 물고기를 좁은 물통에 갇혀 있게 해서는 안 됩니다. 물고기의 불쌍한 처지를 생각하여 고통을 최소화하며 바로 죽여야 합니다. 물고기의 신선도를 유지하기 위해 잠시 살려 놓은 것은 물고기를 두 번 죽이는 사람들의 이기심이라고 생각합니다. 관광낚시를 장려하기 위해 호수가 많은 독일 북부 슐레스비히-홀스타인주와 메클렌부르크-포어폼메른주의 일부 지역에서는 낚시허가증 없이도 민물낚시가 가능합니다.

호수가 워낙 많고 넓다 보니 현실적으로 허가증 없이 낚시해도 단속에 걸릴 가능성이 거의 없습니다. 독일은 호수의 나라입니다. 메클렌부르크-포어폼메른주만 하더라도 자연 호수가 2천 개가 넘습니다. 얼마든지 마음만 먹으면 허가증 없이도 단속을 피해 낚시를 할 수 있을 것 같습니다. 나도 그런 유혹을 여러 번 가졌지만, 혹시나 재수 없이 가능성 낮은 단속에 걸려 "한국 외교관이 낚시허가증 없이 호수에서 낚시하다 적발되었다."라는 상상이 무서워 포기해야만 했습니다.

호수 지구에서 하룻밤을 보내기에 가장 좋은 곳은 Müritz(뮈리츠)호수의 Waren(바렌)입니다. 숙박시설, 카페 레스토랑, 휴양 시설이 잘되어 있습니다. 마을도 아기자기한 동화같이 아름답습니다. 호수 지구 중심에 있어 사방팔방으로 호수를 이어주는 자전거 하이킹에 최적 장소입니다. 바렌에 관광객이 너무 많아 좀 조용한 곳을 찾고 싶으면 같은 뮈리츠호수에 있는 Röbel(뢰벨)이나 Plauer See(플라우어호수)를 찾으면 됩니다. Kummerower See(쿠머로우어호수)도 가장 아름다운 호수 중의 하나입니다. 부드러운 언덕, 깊은 너도밤나무숲, 그림 같은 마을에 둘러싸인 호수 주위를 자전거로 하이킹하고 하우스 보트나 카누와 함께하는 수상스포츠를 통해 자연 속에서 영혼의 평화로움을 체험할 수 있습니다. 뮈리츠호수-플라우호수-쿠머로우어호수와 그 호수 곁에 자리 잡은 마을에서의 머무름은 여행객을 천상의 세계로 인도하게 됩니다. 들쭉날쭉 곡선미를 뽐내고 있는 호수 변의 갈대숲이 바람에 흩날리며 추는 군무는 이 세상의 모든 시름을 잊게 합니다.

독일 알프스에 있는 Neuschwanstein(백조성)에 이어 우리 관광객의 독일 성지로 떠오르고 있는 곳이 메클렌부르크-포어폼머른주의 주도에 있는 Schweriner Schloss(슈베린성)입니다. 백조성과 마찬가지로 문화사적으로 별로 의미가 없는 성이지만 호수를 배경으로 하는 성의 모습은 정말 한 폭의 그림이 아닐 수 없습니다. 그렇다 보니 우리 한국 사람들의 새로운 독일 관광 성지로 급부상하고 있습니다. 그러나 슈베린이 호수 지구 서쪽 끝자락에 있다는 것을 아는 우리 관광객은 많지 않습니다.

독일연방공화국 수도 베를린을 찾는 우리나라 관광객이 큰 폭으로 늘어나고 있습니다. 그러나 그들은 급하게 도시 중심을 휙 둘러보고 또 다른 곳으로 달려갑니다. 도시에서 도시로 달려가는 영혼이 없는 여행을 잠시 멈춰 주세요. 베를린 중앙역에서 뮈리츠호수 지구에 있는 바렌행 기차에 몸을 실어 주세요. 바렌에서 호수를 따라 자전거 하이킹을 시작하세요. 그림같이 아름다운 호수에서 카누를 타 보세요. 전기모터가 있는 하우스 보트를 타고 크고 작은 호수를 누벼 보세요. 호수 변에 있는 환상적인 전망을 자랑하는 카페에서 커피 향에 취해 보세요. 호숫가 호텔의 잔디밭에 누워 쏟아지는 별을 가슴에 담아 보세요. 당신은 떠날 수 없습니다. 결코 떠나지 못합니다. 하루가 이틀이 되고 이틀이 일주일이 되어도 당신의 발은 발병이 나서 호숫가를 한 발짝도 움직이지 못할 겁니다.

호수 지구에 1,100여 개의 호수뿐만 아니라 독일 전역에 그림 같은 자연 호수가 셀 수 없을 정도로 많아 독일은 수상 스포츠의 천국이라고 할 수 있습니다. 이런 자연환경 속에서 살아가는 독일 사람에게 수상 스포츠는 매우 중요한 일상입니다. 독일 사람들의 수상 스포츠 사랑은 정말 각별합니다. 수상 스포츠를 안전하게 즐기기 위한 전제조건인 "수영할 수 있음"이 매우 중요합니다. 독일에서 수영은 의무교육입니다. 학교에서 수영을 필수과목으로 배우기 때문에 독일 사람들은 거의 모두 수영을 할 수 있습니다. 독일의 수영 교육 목적은 고귀한 생명을 지키고 수상 스포츠를 통해 신체의 균형 있는 발전과 행복을 추구하기 위함입니다. 독일의 어린이는 초등학교 3학년 때부터 매주 1시간 정도 수영 교육에 참여하고 있습니다. 초등학교를 졸업하고 중등학교에 올라가서도 수영 교육은 계속됩니다.

그러나 의무교육이지만 독일의 수영 교육도 현실적으로 문제점이 있습니다. 지자체에서 운영하는 공공수영장이 예산 부족으로 문을 닫고 있고 수영을 가르칠 수 있는 자격 있는 교사도 줄어들고 있어 이상과 현실에 차이가 있습니다. 의무 수영 교육에도 불구하고 독일 초등학교 학생의 약 15%가 고작 몇 미터 정도만 수영할 수 있는 "불안한, 안전을 담보할 수 없는 수영 실력"을 갖고 있다고 합니다. 중등학교에 진학하여 수영 교육을 더 받아 안전한 수영 실력이 될 가능성은 있지만 여전히 불안한 상황이라고 합니다. 그러나 의무 수영 교육으로 그나마 이런 정도 수준까지 되지 않았나 생각합니다.

우리나라 현실을 보면 어린이들이 태권도를 주로 배우고 있지만 현실적인 제약으로 수영 교육에 대해서는 별 진전이 없는 것 같습니다. 다수의 학생과 성인들이 수영을 못해서 여름에 안타까운 물놀이 사고도 많이 접하게 됩니다. 수영 교육을 학교 교육으로 의무화하고 있는 독일에도 현실적으로 문제점이 있지만 우리는 시도 자체도 하고 있지 않은 것 같아 아쉽습니다. 고귀한 생명을 지키는 일이기에 어린 자녀를 둔 젊은 학부모

의 수영 교육에 관심이 높아졌으면 좋겠습니다. 지자체도 공공수영장을
새로 만들고 운영하는데 관심을 더 가져 주면 좋겠습니다.

(Schweriner Schloss)

언제나 내 마음 안에 있는 독일

5.
Erika는 Lüneburger Heide를
분홍색 바다로 만들고

Auf der Heide blüht ein kleines Blümelein und das heißt Erika. Heiß
von hunderttausend kleinen Bienelein wird umschwärmt Erika. Denn
Ihr Herz ist voller Süßigkeit.
Zarter Duft entströmt dem Blütenkleid.

In der Heimat wohnt ein blondes Mädelelein und das heißt Erika.
Diese Mädel ist mein treuesten Schätzelein und mein Glück Erika.
Wenn das Heidekraut rotlilia blüht. Singe ich zum Gruß ihr dieses Lied.

(황무지에 작은 꽃이 피었네. 그 이름은 에리카라네. 수십만 마리의 작은
꿀벌이 에리카에게 뜨겁게 모여드네. 에리카의 마음은 달콤함으로 가득
차 있기에. 꽃잎에서 퍼져 나오는 부드러운 향기에.

고향 마을에 한 금발의 아가씨가 살고 있다네. 그녀의 이름은 에리카라네.
이 아가씨는 나의 진실한 보물이며 행복이라네. 에리카. 황무지 꽃이 연분
홍색으로 피어날 때 나는 그녀에게 인사하러 이 노래를 부르네.)

Wehrmacht(제국군대)에 복무하고 있었던 Herms Niel(헤름스 니일)이

1930년에 작사 작곡한 Erika(에리카)라는 독일 군가입니다. 황무지에 피어나는 에리카와 에리카 이름의 여성을 대비한 연정 분위기를 물씬 풍기는 군가입니다. 인류 최악의 반인륜적 범죄 집단인 나치가 이런 군가를 좋아했다니 아이러니합니다. 〈에리카〉 군가는 2차세계대전 당시 최고로 인기 있었던, 요즘으로 따지면 빌보드 차트 1위 곡 수준이었습니다.

나치가 좋아했던 군가여서 전후 논쟁이 되었으나 Herms Niel이 나치를 위해 작곡하지 않았고 가사 어디에도 정치적이며 이념적인 내용이 없어 금지곡이 되지는 않아 Bundeswehr(독일연방군)에서도 1990년대까지 군가로 애창되었다고 합니다. 그러나 지금은 좀 인기가 시들하다고 합니다. 100살이 다 되어 가니 생명이 끝나 가는 것 같습니다.

독일 군가의 에리카, 그 에리카의 고향이 바로 Lüneburger Heide(뤼네부르거 하이데)입니다. 뤼네부르거 하이데는 독일 북부 함부르크, 브레멘, 하노버 사이에 있는 독일에서 가장 아름다운 휴양지 중의 하나입니다. 자연 국립공원은 유럽 다른 나라에서도 찾아볼 수 없는 아주 독특한 경관을 자랑하고 있어 매년 4백만 명 이상의 관광객과 휴가객이 찾고 있는 곳입니다.

에리카가 만발하는 8, 9월의 뤼네부르거 하이데는 황무지 풍경의 독특한 매력을 발산하고 있어 독일 사람들이 가장 사랑하는 곳 중의 하나입니다. 169m 높이의 Wilseder Berg(빌세데 언덕)를 중심으로 사방으로 펼쳐진 주니퍼 나무 사이의 에리카가 만발한 황무지 풍경은 하이킹, 자전거 하이킹, 마차 여행의 천국입니다. 늦은 여름 분홍색 바다로 변하는 황무지는 아름다운 자연뿐만 아니라 다양한 문화 체험의 공간이기도 합니다. 자연 국립공원에는 오래된 초가지붕의 농장들도 여기저기에 있어 낭만을 더해 주고 있습니다. 하이데는 그 독특한 에리카가 만발한 황무지 풍광과 함께 Heideschnuken(튼튼한 뿔이 있는 양), 벌꿀, 감자 등 특산물로도 유명합니다. 카페에서는 독일에서 유일하게 Buchweizenkuchen(메밀 케이크)을 맛볼 수 있습니다. 하이킹 도중에 양과 외로운 양치기를 만날 수 있는 Heideschnukenweg은 2014년 독일에서 가장 아름다운 하이킹 코스로 선정되었습니다.

프랑스 남부 Provence(프로방스)의 여름은 끝없이 펼쳐진 보랏빛 라벤더밭으로 환상적인 모습을 연출합니다. 이탈리아 북부 Toskana(토스카나)의 완만한 구릉 초원은 사이프러스 가로수로 그 고고함을 더해 갑니다. 뤼네부르거 하이데는 프로방스와 토스카나의 모습을 모두 가지고 있습니다. 나는 황무지에서 하이킹을 시작했습니다. 만발한 연분홍 에리카가 반갑게 맞이했습니다. 에리카는 평원을 지나 저 멀리 아득하게 보이는 산언덕까지 황홀한 모습을 드러내고 있었습니다. 그렇게 하이데를 거닐며 나는 프로방스를 만났습니다. 사이프러스 4촌 형제처럼 보이는 주니퍼 나무들도 여기저기 에리카 사이에 모습을 드러내고 있었습니다. 그곳에서 나는 토스카나도 만났습니다. 몇 시간을 걸어도 황무지는 에리카, 주니퍼와 함께 내 곁에 있었습니다.

황무지에 이름을 빌려준 Lüneburg(뤼네부르크)는 함부르크에서 기차로 30분이면 도착할 수 있는 함부르크와 같은 자유 한자 도시입니다. 하이데를 대표하는 도시라고 할 수 있습니다. 뤼네부르크는 정말 멋진 도시

언제나 내 마음 안에 있는 독일

입니다. 독일에서 가장 아름다운 도시 top 10에 항상 포함되는 도시입니다. 북부 독일의 건축양식인 박공식 건물이 많이 있는 매력 만점의 도시입니다. 구시가지를 걷고 있으면 뿜어져 나오는 매력에 현기증이 날 정도입니다. 황무지를 하이킹하고 이어서 뤼네부르크 시내를 들르면 "세상에 이런 곳도 있었구나." 절로 탄성이 나옵니다. 행복할 뿐입니다. 하이데의 또 다른 매력 도시는 Celle(첼레)입니다. 수백 개의 목조건물과 르네상스, 바로크 양식이 결합 된 궁전이 있는 매혹적인 구시가지가 여행객의 마음을 사로잡습니다. "이곳이 마을인가? 동화인가?" 첼레 구시가지를 걷다 보면 스스로 물어보게 됩니다.

독일 사람들은 가을이 찾아오면 황무지의 꽃 에리카를 화분에 심습니다. 계절의 변화와 함께 정원의 화단은 가을 색으로 갈아입습니다. 꽃을 좋아하는, 꽃과 함께하며 사는 독일 사람들의 모습입니다. 독일 사람들에게 꽃이 없는 인생은 생각할 수 없습니다. 오늘 한 끼 배부르게 먹지 못하더라도 식탁에 꽃과 양초가 있어야 합니다. 독일어에 "etwas durch die Blumen sagen."이라는 표현이 있습니다. 단어 그대로 해석하면 "꽃을 통해 무엇을 말한다."입니다. "어떤 문제를 직접적으로 말하지 않고 우회적으로 이야기한다."라는 뜻입니다. "모든 것은 꽃으로 통한다. 꽃이면 다 해결된다."라는 의미를 암시하고 있기도 합니다.

긴 겨울이 지나고 봄이 찾아오는 3월이 오면 독일 사람들의 눈과 손은 바빠지기 시작합니다. 시내 꽃가게는 각종 구근식물을 시작으로 화려한 봄 색깔을 자랑합니다. 그러나 무엇보다도 Blumen und Gartenzentrum(화원)이 사람들로 옆구리가 터질 지경입니다. 독일의 화원은 우리나라 화원과는 차원이 다릅니다. 거의 5성급 호텔 수준이라고 생각해도 과장이 아닙니다. 자연 채광이 잘될 수 있도록 지붕과 벽이 유리로 된 대형 건물입니다. 화원 내부에는 꽃과 식물이 우아하고 고급스럽게 배치되어 있습니다. 고급 레스토랑과 카페도 있습니다. 화원에 들어가면 꽃과 식물의 다양함과 규모에 놀라고 고급스러움에 다시 한번 놀라게 됩니다. 이른 봄날 화원에서 꽃과 식물과 대화하며 그곳에서 먹고 마시며 분위기와 함께 하는 것 하나만으로도 최고의 하루 소풍이 되고도 남습니다. 독일 사람들은 집 안에도 항상 꽃을 두고 있지만 집 밖을 꽃으로 꾸미는 것을 정말 좋아합니다. 우리나라와 달리 독일은 정원이 있는 단독주택이 많을 뿐만 아니라 5층 이하의 저층 공동주택이 대부분 테라스를 가지고 있어 오랫동안 계속 피어나는 테라스 용 꽃을 즐겨 심습니다. 독일은 어느 도시, 어느 마을에 가더라도 꽃과 함께 꽃의 축복 속에 있습니다.

독일에서는 2년마다 Bundesgartenschau(연방정원박람회)가 개최됩니다. 줄임말로 BUGA라고 합니다. BUGA를 통해 만들어진 지속 가능한 공원과 녹지공간은 지역주민과 방문객의 사랑을 받고 있습니다. "도시의 녹색"이라는 기본원칙 아래 2년마다 4월 중순에서 10월 중순까지 6개월 동안 개최되는 BUGA는 행사 기간 중 2천만 명 이상의 방문객을 끌어들입니다. 독일 사람들이 워낙 꽃과 식물, 정원 가꾸기에 관심이 많다 보니 대성공은 당연한 보증수표입니다. 독일의 중부에 있는 Mannheim(만하임)에서 2023년 BUGA가 개최되었으며 2025년에는 독일의 북부 발틱해 연안에 있는 Rostock(로스톡)에서 개최될 예정입니다. 로스톡은 구도시가 박공식 건축물로 아주 아름다운 도시입니다. 로스톡 바로 옆의 동해 해변 휴양지인 Warnemünde(바르네뮌데)는 명사백리의 아름다운 긴 해변으로 사랑받고 있습니다. 우리 관광객이 2025년 로스톡을 방문하여 BUGA도 보고 명사백리의 발틱해 해변에서 힐링하면 좋겠습니다.

독일 도시에는 우리나라에서 볼 수 없는 것이 또 있습니다. 우리나라 여행객은 보통 관광 대상지가 밀집된 구시가지만 둘러보고 다른 곳으로 급히 떠나기 때문에 보기 힘들겠지만, 독일에 거주하고 있는 우리 한국 사람에게 부러운 것이 하나 있습니다. 그것이 바로 Schrebergarten(슈레버 정원, 할당정원) 또는 Kleingarten(작은정원)이라고 불리는 도시의 거주지역에 있는 임차 정원입니다.

할당정원은 거의 독일에만 있다고 할 수 있습니다. 독일에는 현재 약 1백만 개의 할당정원이 있으며 약 1만 5천 개의 협회가 있습니다. 협회에서 회원에게 임대하는데 통상 연임대료는 350유로 정도이며 개별 할당정원의 크기도 350제곱미터 정도 된다고 합니다. 할당정원은 대부분 정원이 없는 다층 아파트에 거주하고 사람들에게 제공되고 있습니다. 할당정원에는 생활공간을 위한 조그만 정자도 있으나 주말 등 간헐적으로만 숙박할 수 있습니다. 정원의 1/3은 채소를 심어야 하며 1/3은 꽃으로 꾸며야 합니다. 인공비료나 화학적 해충제를 사용하지 않도록 권고됩니다. 할당정원은 도시 안에서 꽃과 함께 휴양을 취하고 과일과 채소를 재배할 수 있도록 하여 콘크리트 성과 아스팔트 표면에서 살아가는 도시 주민에게 자연을 접촉할 수 있는 기회를 제공하고 있습니다. 할당정원은 정원이 없는 도시 거주자들에게 건강한 심적 육체적 활동을 제공해 주는 오아시스입니다. 꽃과 식물, 정원 가꾸기에 진심인 독일 사람들에게 도심 속 작은 정원은 또 다른 천국입니다.

(Lueneburger Heide)

언제나 내 마음 안에 있는 독일

6.
Weserbergland,
동화와 동화 같은 풍광과 함께

30년이라는 시간을 훌쩍 넘겨 버린 옛날 생각이 추억이 되어 다가옵니다. 주함부르크총영사관 근무 시절 유학생을 대상으로 순회영사 서비스를 위해 Weserbergland(베저강의 구릉지대)에 있는 대학도시 Göttingen(괴팅엔)을 방문하여 유학생 대표들과 저녁을 같이하면서 대화하는 시간을 가졌습니다. "라면 스프를 망치로 깨 보지 않은 사람과는 인생을 논하지 말라."며 목소리를 높였던 유학생의 얼굴이 지금도 생각납니다. 나와 연배가 비슷한 유학생이었는데 어디에서 살고 있는지 궁금합니다. 우리나라 하늘 아래서 행복한 삶을 누리고 있을 것으로 믿고 있습니다.

1990년대 초만 하더라도 독일에 한국식당도 별로 없었고 우리나라 식료품을 파는 가게도 대도시를 제외하고는 거의 없었던 때입니다. 요즘이야 K-food 열풍으로 독일에 한국식당도 많고 식료품점도 쉽게 찾을 수 있습니다. 라면 등 한국 식료품을 독일 가게에서도 살 수 있습니다. 그러나 1990년 초 그때는 우리 한국 식품이 귀했습니다. 괴팅엔 같은 작은 대학도시에서 우리 식료품을 구하기는 더 어려웠던 시절이었습니다. 유학생이 어렵게 어렵게 귀한 라면을 하나 얻었는데 유효기간이 진즉 지나가 버린 것이었다고 합니다. 라면 스프가 이미 딱딱하게 굳고 검은색이 되었는데도 그 유학생은 간절한 라면의 유혹을 뿌리칠 수 없어 맛있게 끓여 먹

었다고 합니다. 아무리 라면 스프가 딱딱하게 굳었다고 망치로 깰 정도는
아닌데, 손으로도 얼마든지 할 수 있는데 그 유학생은 "눈물 젖은 빵을 먹
어 보지 못한 사람과는 인생을 논하지 말라."를 한 단계 차원을 높여, "라
면 스프를 망치로 깨 보지 않은 사람과는 인생을 논하지 말라."로 바꿔 유
학 생활의 어려움을 토로하면서도 결코 물러설 수 없다는 결기를 보여 주
었습니다. 지금도 생각나는 멋진 사람입니다.

　Weserbergland(베저강의 구릉지역)는 독일 동화가도의 중심지입니다.
베저강 지역의 여행은 Brüder Grimm(그림 형제)의 동화와 함께하는 시간
입니다. 그러나 베저강 지역은 또한 "베저강의 르네상스"로 대표되는 멋
진 성이 여기저기서 여행객을 기다리고 있는 곳이기도 합니다.

　Kassel(카셀) 북서쪽 숲속에 자리 잡은 Schloss Sababurg(자바부르크
성)는 Dornröschenschloss(잠자는 숲속의 공주성)로 널리 알려져 있습니
다. 30년 전쟁으로 황폐해진 성은 높고 긴 가시울타리로 둘러싸여 있었
습니다. 그림 형제는 버려진 성의 모습에서 〈잠자는 숲속의 공주〉 동화를
찾아냈습니다. 자바부르크성은 현재 레스토랑과 카페가 있는 고급 호텔
로 관광객을 기다리고 있습니다. 호텔은 특히 크리스마스 분위기를 물씬
느낄 수 있는 장소로 알려져 있습니다.

　Han Münden(한 뮌덴)은 Werra(베라강)과 Fulda(풀다강)이 만나 Weser(베
저강)이 시작되는 두물머리 도시입니다. 한 뮌덴의 구시가지는 700채 가
까운 화려하고 다양한 목조가옥과 "베저 르네상스"로 대표되는 시청 건물
로 여행객의 눈을 사로잡는 마법과 같은 도시입니다. 18세기 독일의 유명

한 자연과학자며 지질학자였던 Alexander von Humboldt(알렉산더 폰 훔볼트)는 베라강과 풀다강이 키스하는 도시를 세계에서 가장 아름다운 곳 중의 하나라고 극찬하기도 했습니다. 한 뮌덴은 독일에서 가장 인기 있는 자전거 하이킹 코스인 "베저 자전거 도로"의 출발점이기도 합니다.

한 뮌덴의 구시가지를 걷다 보면 목조가옥의 현란함에 숨이 넘어갈 지경입니다. 그러나 그 목조가옥을 자세히 보고 있으면 불안한 느낌이 들기도 합니다. 2층이 1층보다 앞으로 더 튀어나와 있고 3층은 2층보다 앞으로 더 나와 있습니다. 약간 안정감이 없어 보이기도 합니다. 중세 때 지층 면적을 기준으로만 재산세가 부과되었기 때문에, 그렇게 지었다고 합니다. 옛날이나 지금이나 세금을 어떻게 해서라도 덜 내려고 잔머리 굴리는 것은 다 같은 모양입니다.

Göttingen(괴팅엔)은 대학도시로 명성이 대단합니다. 영국의 군주이자 하노버 선제후였던 조지 2세에 의해 1737년에 문을 열었습니다. 괴팅엔 대학은 Niedersachsen(니더작센주)에서 가장 오래된 대학이며 독일을 넘어 전 세계적으로 학문적인 명성이 대단한 고등교육기관입니다. 특히 법학, 수학, 물리학 등이 유명하며 무려 44명의 노벨상 수상자가 대학과 직간접으로 관련되어 있습니다. 대학 도서관은 독일 최대 도서관 중의 하나입니다.

괴팅엔 시청사 앞에 Gänseliesel(겐제리젤)이라는 분수가 있습니다. 규모는 크지 않지만, 괴팅엔 시민과 대학생이라면 모르는 사람이 없는 유명한 랜드마크입니다. 괴팅엔 대학에서 박사학위를 받은 사람은 가족, 친구들과 함께 제일 먼저 꽃다발을 들고 소녀와 거위 상이 있는 Gänseliesel 분수를 찾아 소녀상에 키스하고 꽃다발을 놓습니다. 대학의 오랜 전통이라고 합니다.

베저강이 내려다보이는 80m 바위 절벽에 있는 Skywalk 전망대도 꼭 찾아가야 하는 곳입니다. Skywalk는 절벽에서 5m 정도 앞으로 돌출되어 있어 베저강의 강물 위에 떠 있는 느낌이 듭니다. 환상적인 계곡의 파노라마를 즐길 수 있는 명소입니다.

Hameln(하멜른)은 그림 형제의 Rattenfänger(피리 부는 사나이) 동화로 널리 알려진 도시입니다. 피리 부는 사나이 동화가 일본 사람들에게 널리 알려져 일본 사람들을 시내에서 쉽게 만날 수 있습니다. 하멜른은 일본 사람들의 독일 여행 3대 성지중의 하나라고 합니다. 하멜른은 쥐에 대한 사랑과 증오가 혼합된 도시라고 할 수 있습니다. 구시가지의 자갈길은 쥐가 모자이크되어 있으며 도시의 주요 명소를 안내하는 표지판에도 쥐가 길을 안내하고 있습니다. 여기에 가도 쥐, 저기에 가도 쥐가 있습니다. 봉이 김선달이 대동강 물을 팔아먹은 것처럼 이 도시는 쥐를 팔아먹고 살고 있습니다. 쥐를 미워하면서도 쥐를 사랑하는 쥐와 애증의 관계에 있는 도시입니다. 아기자기한 목조가옥, 그 사이를 이어주는 좁은 골목길과 "베저 르네상스"를 대표하는 석조 건물이 혼합된 낭만의 도시입니다.

Bad Pyromont(바트 피르몽)은 17, 18세기 귀족의 휴양지로 명성을 지니고 있습니다. 온천 도시인 바트 피르몽의 경제는 관광산업에 크게 의존하고 있습니다. 이 온천 도시는 질 좋은 탄산수 생산지로 널리 알려져 있습니다. 바로크 양식의 성과 넓은 야외 야자수 정원의 Kurpark(휴양공원)이 온천 휴양도시의 고급스러움을 자랑하고 있습니다. 이 도시는 "바트 피르몬트"가 아닌 "바트 피르몽"으로 불어식으로 발음되고 있습니다.

"베저 르네상스"의 대표적인 성으로 Hämmelschenburg(헤멜쉔부르크성)과 Schloss Bückeburg(뷔케부르크성)이 관광객의 발길을 멈추게 합니다. 뷔케부르크성은 Schaumburg(샤움부르크) 공국의 본성입니다. 이곳에는 독일에서 유일하게 Hofreitschule(왕궁 승마학교)가 있습니다. 성 정원을 산책하면 유럽에서 가장 크다고 하는 돔형 건물인 공작 가문의 영묘를 볼 수 있습니다.

Minden(민덴)은 베저강과 Mittellandkanal(중부 운하)가 서로 교차하는 도시입니다. 민덴에서 관광유람선을 타고 중부 운하를 지나가면 그 아래로 베저강이 흐르고 관광유람선이 지나가는 것을 볼 수 있습니다. 베저강 위에 중부 운하가 다리가 되어 교차하는 것을 직접 보는 것은 정말 특별한 경험이 되고도 남습니다. 중부 운하는 베저강을 지나 Magdeburg(막데부르크)에서 Elbe-Havel Kanal(엘베-하벨 운하)로 연결되어 베를린과 폴란드까지 이어집니다. 유럽 차원에서 보면 중부 운하로 네덜란드, 벨기에, 룩셈부르크, 프랑스, 스위스가 독일을 통해 폴란드, 체크와 연결되는 것입니다.

"라면 스프를 망치로 깨 보지 않은 사람과는 인생을 논하지 말라." 그 한 마디로 먼 나라에서 공부하고 있는 유학생의 어려움을 역설했던 괴팅엔 대학 유학생과 그 대학의 학문적인 명성을 언급하다 보니 독일 대학생에

언제나 내 마음 안에 있는 독일

대한 여러 이야기가 생각납니다.

내가 독일의 대학 생활을 직접 경험하지 못했을 때는 대한민국 군대가 "닦고 조이고 기름칠하자."라는 표어를 만들어 낸 것으로 생각했습니다. 그러나 독일 대학생이 타고 다니는 고물 자전거를 보면서 그 표어가 독일 대학생들이 만들어 낸 것이 아닌가 하는 생각이 들었습니다. 독일 대학생들에게 자전거는 소중한 발입니다. 그러나 그 자전거를 가까이서 보면 한심하기 짝이 없습니다. 고물상에서 받아 줄지 의문이 생길 정도로 낡았습니다. 그러나 가난하고 불쌍한 독일 대학생들은 고물상에서도 받아 주지 않을 것으로 보이는 자전거를 열심히 닦고 조이고 기름칠합니다. 가난한 독일 대학생에게 필터가 있는 담배는 사치품에 속합니다. 그들은 보통 봉초 담배를 사서 종이에 말아 피웁니다. "자전거를 타고 가면서 한 손으로 담배를 말아 불을 붙일 정도가 되면 졸업할 때가 가까워진다."라는 우스갯소리를 독일 대학생들은 자주 합니다.

독일에는 Studentenfutter(대학생 사료)가 있습니다. 땅콩, 호두 등 각종 건과를 섞어 아주 투박하고 단조로운 비닐봉지에 포장해서 파는 물건입니다. 상품 디자인과 질이 뛰어난 독일에서 "대학생 사료"만큼은 지금도 의도적으로 허접하고 볼품없게 포장해서 팔고 있습니다. 가난한 대학생들이 배고픔을 달래기 위해 품질이 별로 좋지 않은 각종 건과를 닥치는 대로 입에 털어 넣은 것에서 "대학생 사료"가 생겨났다고 합니다.

지금 독일 대학생들의 생활은 25년 전 나의 프라이부르크 대학 시절과 비교할 때 시간의 흐름과 함께 달라졌을 것으로 생각합니다. 그러나 요즘도 여전히 독일 대학생들은 소비와는 거리가 먼 생활을 하고 있으며 또 그렇게 할 수밖에 없는 상황입니다. 물가가 오르고 무엇보다도 기숙사 등 숙소비 부담이 만만치 않아 어려움을 겪고 있습니다. 생활비 부담이 여전히 독일 대학생을 어렵게 하고 있습니다.

독일의 젊은이는 18세 성년이 되면 부모 곁을 떠나 독립합니다. 18세 성년이 되어 부모에게 의지하는 것을 부끄럽게 생각하고 부모도 당연히 성년이 되었으니 부모의 둥지를 떠나야 한다고 생각합니다. 현재 독일의 대학 진학률은 45% 정도 됩니다. 55% 정도의 젊은이는 실업학교를 마치고 18세 성년이 되면서 직업을 갖기 때문에 부모로부터 경제적으로 독립하여 따로 거주합니다. 약 45% 대학에 진학하는 젊은이들도 자기가 태어나고 자랐던 곳에서 대학에 진학하는 것보다 멀리 다른 주에 있는 대학에서 공부하는 것을 선호합니다. 그렇게 그들도 부모 곁을 떠나 독립합니다. 부유한 부모는 대학생 자녀에게 생활비를 일부 지원해 주지만 수입이 넉넉하지 않은 부모를 둔 젊은이들에게 대학생으로 살아가는 것은 쉬운 일이 아닙니다.

가난으로 균등한 교육 기회가 박탈당하지 않도록 1971년에 BAfög(연방교육지원법)이 제정되었습니다. 그 이후 현재까지 여러 번 개정되면서 지원법은 생활비로 어려움을 겪고 있는 대학생들에게 큰 힘이 되고 있습니다. 연방교육지원법의 핵심 내용은 정부가 대학생에게 일방적으로 지원하는 기본지원금(장학금)과 졸업 후 무이자 상환하는 대출금입니다. 최근 독일 정부는 "학업 시작 지원금"으로 1천 유로를 1회 지원하고 정부가 학생들에게 일방적으로 지원하는 기본 지원금(장학금)을 5% 인상하여 매월

475유로를 지원하기로 했습니다. 부모 집에서 함께 거주하지 않고 따로 거주하는 대학생은 주거비 보조금으로 매월 380유로를 지원받습니다. 대학생들에게 기본지원금 외에도 건강보험, 장기 요양보험을 추가로 지원하여 월 최대 934유로까지 정부가 지원하고 있습니다. 독일 학생들은 정부로부터 생활비를 지원받고 있음에도 생활이 어려워 약 65% 정도가 공부하면서 아르바이트를 하고 있습니다.

(Weserbergland)

언제나 내 마음 안에 있는 독일

7.
Harz, 아름다운 대자연과
기억해야 할 역사가 함께하는 국립공원

함부르크를 떠난 나의 승용차는 A7 고속도로를 따라 남쪽으로 달리고 있습니다. 끝없는 북부 독일의 평원이 Hannover(하노버)까지 펼쳐져 있습니다. 산이라고는 찾아볼 수 없지만, 독일의 농촌 풍경은 언제봐도 목가적인 낭만을 쏟아내고 있습니다. 나의 승용차는 어느새 하노버를 지나 Göttingen(괴팅엔), Kassel(카셀) 방향으로 달리고 있습니다. 고속도로의 흐름이 서서히 달라집니다. 완만하게 올라가고 내려가기를 반복하고 있습니다. 차창 밖에는 전나무숲과 활엽수의 울창한 혼합림이 제법 높은 산과 같은 모습을 보이고 있습니다. 어느새 고속도로변에 있는 "Naturpark Harz(자연 국립공원 하르츠)" 안내판이 시야에 들어옵니다.

나는 독일에 근무하는 동안 Harz(하르츠)를 여러 번 찾았습니다. 때로는 여행으로 때로는 마음의 평화를 찾는 휴가를 보내기 위해서 그곳을 여행했습니다. 함부르크 근무하면서 여러 번 찾았지만, 하르츠의 강한 자기장은 프랑크푸르트에 있는 사람을 북쪽으로 방향을 틀게 하기도 했습니다. 얼굴에 윤기가 자르르 흐르고 몸놀림이 가벼웠던 나의 청춘 시절에는 Goslar(고슬라) 등 낭만적인 중세도시에 매료되고 싶어 하르츠를 찾아 휴가를 보냈지만 나이가 들어가고 찾는 횟수가 늘어날수록 그곳의 다른 면을 경험하고 느끼게 되었습니다.

언제나 내 마음 안에 있는 독일

울창한 전나무숲과 혼합림, 깊은 계곡 등의 대자연과 그 깊은 곳에 자리 잡은 동화 같은 중세도시가 하르츠의 모든 것이 아니었습니다. 기념하고 때로는 아픈 마음으로 기억해야 하는 역사가 생생하게 각인된 곳이었습니다.

하르츠는 독일 니더작센주와 작센-안할트주에 뻗어 있는 자연 국립공원입니다. 독일에서 가장 북쪽에 있는 중간 산악지대로 아름다운 자연, 풍부한 동식물, 특이한 지형을 자랑하는 독일 사람들이 즐겨 찾는 휴양지이기도 합니다. 하르츠의 가장 높은 봉우리는 Brocken(브로켄)입니다. 브로켄은 넓게 트인 지역이어서 정상에서 바라보는 파노라마는 거칠 것이 없습니다. 브로켄 정상은 해발 1,141m인데 바로 정상까지 협궤 증기기차가 다니고 있습니다. 1,125m에 있는 기차역은 독일에서 가장 높은 기차역입니다. 유네스코 세계 문화유산에 빛나는 목조가옥의 동화도시 Wernigerode(베르닝어로데)에서 협궤 증기기차를 타고 브로켄 정상까지 하는 칙칙폭폭 여행은 두말할 필요가 없는 최고의 낭만 여행입니다.

과거 동서독 분단 시 독일-독일 국경/내독 국경이 브로켄 봉우리를 통과했기 때문에 금지구역으로 지정되어 동식물 환경이 비교적 훼손되지 않고 잘 보존되어왔으나, 최근 딱정벌레 증가와 산성비 및 기타 환경문제 등으로 어려움을 겪고 있습니다. 비단 하르츠뿐만 아니라 독일 전역의 산림이 기후변화와 지구 온난화로 죽어 가고 있어 걱정입니다. 브로켄은 동서독 분단 시 소련군과 동독 군인들의 주둔지였습니다. 그들은 서유럽 전지역을 도청할 수 있는 강력한 도청 장치를 갖추고 있었다고 합니다. 과거 구동독의 TV 송신탑이었던 건물은 통일 후 호텔과 레스토랑으로 개조

되어 관광객을 기다리고 있습니다. 독일의 대문호가 브로켄까지 어려운 걸음을 했습니다. 그래서 브로켄 정상에서 시작되는 하이킹코스 중의 하나가 Goetheweg(괴테의 길)입니다. 독일의 서정시인 Heinrich Heine(하이네)도 하르츠와 브로켄을 여행하고 《Die Harzreise(하르츠 여행)》라는 책을 남겼습니다.

하르츠 자연 국립공원에는 자연 휴양지로서의 가치에 더해 유네스코 세계문화유산에 빛나는 정말 동화같이 아름답고 낭만적인 3개의 소도시가 있습니다. Goslar(고슬라), Quedlinburg(크베들린부르크), Wernigerode(베르닝어로데)입니다. 1천 년의 신성로마제국의 황제 도시 고슬라, 아름다운 로마네스크 건축양식의 교회가 도시를 내려다보고 있는 크베들린부르크, 독일에서 가장 아름다운 목조건물의 시청을 자랑하는 베르닝어로데는 서로 다른 특색을 보이지만 같은 얼굴을 하고 있기도 합니다. 모두 목조가옥 도시입니다. 도시마다 1천 개 이상의 다양한 목조가옥이 타임머신을 타고 여행객을 중세로 안내하고 있습니다. 이 도시들은 2차 세계대전의 전화를 입지 않아 수백 년 전의 모습을 그대로 간직하고 있습니다. 우리 한국 사람들에게는 별로 알려지지 않았지만, 독일 소도시 여행 top 10에 반드시 포함되어야 하는 순수 100% 낭만 도시입니다. 골목길을 걷는 것 하나만으로도 중세 낭만 도시에 가볍게 입성하게 됩니다. 더 이상의 말이 필요 없습니다.

하르츠에는 또 다른 유네스코 세계문화유산이 있습니다. 유럽의 근대 역사에 최고의 혁명이었던 종교개혁의 선구자 마르틴 루터의 도시입니다. 바로 Eisleben(아이스레벤)과 Mansfeld(만스펠트)입니다. 독일에 Lutherstadt(루터의 도시)라는 공식 수식어가 붙어 있는 도시가 3곳 있습니다. 바로 자연 국립공원에 있는 아이스레벤과 만스펠트입니다. 그리고 루터가 종교개혁을 일으켰던 도시 Wittenberg(비텐베르크)입니다.

루터는 아이스레벤에서 태어났으며 그곳에서 생을 마감했습니다. 그곳에 가면 그의 탄생 건물과 죽음의 건물, 그가 세례를 받았던 교회, 그가 생애 마지막으로 설교했던 교회가 모두 유네스코 세계문화유산으로 지정되어 방문객을 기다리고 있습니다. 루터가 어린 시절을 보냈던 만스펠트에 있는 집도 유네스코 문화유산으로 지정되어 있습니다. 일반 관광객에게도 유럽과 세계 종교의 판도를 바꾼 위대한 종교개혁가의 삶을 찾아가는 것은 의미 있지만, 개신교 신자들에게 아이스레벤-만스펠트-비텐베르크 순례의 길은 그 무엇과도 바꿀 수 없는 가슴 벅찬 감동이 될 것입니다.

하르츠 남서부에 Clausthal-Zellerfeld(클라우스탈-첼러펠트)라는 인구 약 15,000명의 작은 도시가 있습니다. 그 작은 산골도시에 약 5천 명의 학생이 공부하고 있는 클라우스탈 공과대학이 있습니다. 아름다운 숲속 캠퍼스에서 공학, 자연과학, 정보기술, 비즈니스, 경제학을 공부하느라 열기가 뜨겁습니다. 하르츠에 광산이 많았기 때문에 1775년에 광산 엔지니어 교육을 위해 설립된 대학입니다. 250년이 넘는 역사를 자랑하고 있어 "작지만 강한 공대"로 명성을 이어가고 있습니다. 깊은 산골 작은 도시에 있는 공대에 우리나라 유학생이 공부하고 있어 정말 신기했습니다. 함부르크 첫 근무 시절 순회영사 서비스를 위해 공대를 방문하여 우리 유학생과 대화를 나눈 적이 있었습니다. 당시 10명이 넘는 우리나라 유학생이 학업에 전념하고 있었습니다. "우리나라 사람들은 서울 등 대도시를 좋아하고 대도시에서 공부하기를 선호하는데 독일의 대도시와 다른 도시에 많은 대학이 있는데 어떻게 이런 깊은 산골 자그만 도시에 대학이 있다는 것을 알고 물어물어 찾아왔느냐, 신기할 뿐이다."라는 나의 말에 "우리도 모르겠습니다. 어떻게 이런 산골 구석을 찾아왔는지, 무슨 정신으로 와서 공부하고 있는지 우리도 신기할 따름입니다. 다들 제정신이 아니었겠지요. 여기 유학생들도 서로 물어봅니다. 어떻게 왔냐고. 어떻게 찾아왔냐고. 다들 모르겠답니다. 무슨 정신으로 왔는지. 그러나 열심히 공부하고 있습니다."

  하르츠는 동서독 분단의 아픔을 품고 있는 곳이기도 합니다. 독일-독일 국경(내독 국경)이 지나가는 역사의 현장이었습니다. 내독 국경은 약 1,400km에 달했으며 동서 냉전 시대에 바로 "철의 장막"이었습니다. 동독 주민의 탈출로 동독 경제가 붕괴 직전에 있었기 때문에 동독 주민의 탈출을 저지하기 동독은 1952년에 1,400km에 달하는 국경을 설치했습니다. 또한 동베를린에서 서베를린으로 탈출도 계속 증가했기 때문에 1961년에 베를린 장벽이 설치되었습니다. 내독 국경을 따라 500m의 보호구역이 설치되었기 때문에 다양한 동식물이 서식하고 있는 하르츠 지역의 국경은 멸종위기에 처한 동식물에게는 낙원이였지만 국경 근처에 거주했던 동독 주민들에게는 자자손손 대대로 살아왔던 고향을 떠나야만 했던 고통과 눈물이었습니다. 국경선을 따라 5km의 출입 금지구역이 설정되고 거주하던 주민들이 강제로 이주당해야 했기 때문입니다. 출입 금지구역 내에 동독은 지뢰와 자동 사격시스템과 망루, 벙커를 설치했습니다. 통일 후 내독 국경은 그린벨트로 특별 생태구역으로 다시 태어났습니다. 통일 후 내독 국경이 지나간 지역에 14개의 국경박물관이 문을 열었습니다. 하

　언제나 내 마음 안에 있는 독일

르츠 지역에는 2개의 야외 국경박물관이 있습니다.

하르츠산맥의 Eckertal(에커계곡)에는 2차세계대전 중에 식수원 확보를 위해 건설된 Eckertalsperre(에커 인공댐)가 있습니다. 브로켄 정상이 보이는 인공호수입니다. 그러나 이 아름다운 인공호수는 웃어야 할지 울어야 할지 모르는 사연을 담고 있습니다. 1949년 동서독 분단 시 내독 국경이 호수 한가운데를 가로질러 지나가게 됩니다. 댐 정중앙에 설치된 "동독" 표지석이 지금도 남아 있습니다. 서독과 동독 양쪽 모두에 인공호수는 식수원으로 중요했으나 동독의 방해로 서독 기술자들이 댐 관리에 어려움을 겪었다고 합니다. 그러나 동독도 식수원 문제라는 인도적인 배경을 고려하여 1970년대에 양자 협정을 맺어 통일될 때까지 큰 마찰 없이 공동으로 관리했다고 합니다. 통일되어 더 이상 내독 국경은 없어졌지만, 지금은 내독 국경이 니더작센주와 작센-안할트주의 경계가 되어 호수 중심을 가로지르고 있습니다.

8.
Aachen에서 찬란한 역사와 문화를,
Essen에서 재독 교포의 삶을

2013년 6월 어느 날 아침 벨기에 수도 브뤼셀 중앙역이었습니다. 2박 3일의 출장을 마치고 프랑크푸르트로 돌아가야 할 시간이었습니다. 저 멀리 흰색 바탕에 빨간 띠를 두른 독일 고속전철 ICE가 모습을 드러냈습니다. 기차는 서서히 플랫폼으로 들어오고 있었습니다. 그러다 갑자기 멈춰 섰습니다. 대수롭지 않게 생각했습니다. 일시 정지한 것으로 생각했습니다. 몇 분이 지나 브뤼셀 중앙역에 안내방송이 나오기 시작했습니다. "브뤼셀발 프랑크푸르트행 ICE는 기관 고장으로 운행할 수 없습니다. 양해 바랍니다. 벨기에 완행기차를 이용하여 국경을 넘어 Aachen(아헨)에서 프랑크푸르트행 기차를 타시기 바랍니다. 탑승권 환불은 추후 독일에서 신청하시기 바랍니다." 맑은 하늘의 날벼락이었습니다. 비행기를 이용할 생각도 했으나 프랑크푸르트-브뤼셀 직통 ICE가 있었기 때문에 기차 여행이 더 편하고 좋을 것 같아 그렇게 했는데 어려운 상황에 직면하고 말았습니다.

우리나라 철도였다면 승객이 불편하지 않도록 대체 교통수단이 제공되었을 것이고 그렇지 않은 상황이 발생했다면 승객들이 강력하게 항의했을 것입니다. 그러나 Deutsche Bahn(독일철도)은 대체 교통수단을 마련해 주지도 않고 승객들이 각자 알아서 최종 목적지까지 잘 찾아가라며 나몰라라 했습니다. 독일 승객들도 한마디 항의할 줄도 모르고 어디론가 흩어졌습니다.

어떻게 해야 할지 모르고 있는 몇몇 독일 사람에게 벨기에 완행열차를 타고 독일 국경 방향으로 움직여 보자고 했습니다. 그런데 설상가상으로 벨기에 완행열차도 1시간 이상 지연될 예정이라고 했습니다. 어렵게 기차에 올랐는데 아무리 완행열차라고 하지만 벨기에 기차가 그렇게 낡고 지저분한 줄은 미처 몰랐습니다. 어렵게 국경 마을에 도착해 버스를 타고 아헨 중앙역까지 왔습니다. 오후 4시경이었습니다. 1시간이면 될 거리를 무려 7시간 이상이 소요되었습니다. 지칠 대로 지쳐 버렸습니다. 아헨에서 쾰른으로 출발하는 기차도 2시간 정도 기다려야 할 상황이었습니다.

아헨 중앙역에서 허기를 채우고 나니 역에서 지루하게 기차를 기다리는 것보다는 아헨 시내를 돌아다니는 것이 좋겠다는 생각이 들었습니다. 무엇보다도 Aachener Dom(아헨 대성당)을 다시 한번 더 가 보고 싶었습니다.

"그래, 오늘 일을 너무 부정적으로만 생각하지 말자, Karl der Grosse(칼 대제)가 대성당을 다시 방문하라고 기차 고장을 일으켰다고 생각하지 뭐. 오늘 일도 어떻게 생각하면 나를 위해서 칼 대제가…." 그렇게 나는 꿈보다 해몽을 멋지게 하면서 대성당을 향해 걸어갔습니다.

아헨은 Nordrhein-Westfalen(노르트라인-베스트팔렌주) 가장 서쪽에 자리하고 있는 국경도시로 벨기에와 네덜란드의 접경지대에 있습니다. 또한 노르트라인-베스트팔렌주 유일한 자연 국립공원인 Eifel(아이펠) 산맥의 북쪽 기슭에 있습니다. 아헨은 독일 과학기술의 중심으로 유럽에서 명문대학교로 인정받고 있는 "아헨공과대학"이 있는 도시입니다. 또한 50도가 넘는 풍부한 온천수와 광천수가 콸콸 솟아 나오는 온천 도시로도 유명합니다. 독일 사람들은 Bad(온천)라는 말을 앞에 붙여 Bad Aachen(바트 아헨)으로 부르기도 합니다. 그만큼 온천으로 명성이 자자합니다. 시내에는 Elisenbrunnen(엘리센브룬넨)이라는 멋진 신고전주의 건물이 있습니다. Kaiserquelle(황제의 온천샘)을 품고 있는 유명한 건물입니다. 칼 대제의 이름을 딴 Karlstherme(칼 대제 온천장)도 환상적이며 고급스럽습니다. 온천장의 대형 풀에서는 수영복을 입지만 온천장 내에 있는 남녀공용 사우나 장에는 옷을 벗고 나체로 들어가야 합니다. 독일에 있는 온천장이 모두 그렇습니다.

대학도시, 온천 도시 아헨이지만 "아헨 대성당"이 없는 아헨은 아헨이라고 할 수 없습니다. "아헨=아헨 대성당"이라는 영원불멸의 등식이 존재하는 곳입니다. 대성당은 칼 대제의 명령으로 궁정 예배당으로 축조되었습니다. 그 이후 여러 번 확장되면서 다양한 건축양식이 혼합되어 아름답고 웅장한 현재의 모습을 자랑하고 있습니다. 10세기 초기부터 16세기까지 600여 년 동안 신성로마제국 황제의 대관식이 거행된 성당입니다. 로타이어 십자가, 복음서, 비잔틴 실크, 촛대, 왕관 등 역사의 흐름과 함께 기증된 100점 이상의 보물이 소장되고 관리되고 있는 Domschatzkammer(대성당 보물실)가 있습니다. 대성당과 대성당 보물실은 1978년 독일 제1호 유네스코 세계문화유산으로 지정되었습니다. 유네스코 세계문화유산은 지정된 순서가 중요합니다. 문화사적 가치가 가장 뛰어난 문화재부터 먼저 지정되기 때문입니다. 아헨성당과 보물실이 독일 제1호 세계문화유산으로 지정되었다는 것이 무슨 뜻이겠습니까. 더 이상 다른 말이 필요 없을 것 같습니다. 우리 한국 사람들은 아헨공대는 들어봤다고 하는데 아헨 대성당에 대해서는 잘 모르고 있는 것 같습니다. 아헨은 우리나라 사람들에게 독일 여행의 1번지가 되어야 하는 곳입니다. 아헨을 찾아 찬란한 역사와 문화를 탐방하고 칼 대제 온천장의 온천수에 몸을 담그면 왕후장상이 부럽겠습니까. 영원히 기억될 최고의 추억이 되고도 남을 것입니다.

1950년부터 매년 아헨 시민 위원회는 유럽 통합에 공로를 세운 인사에게 Karlspreis(칼대제상)을 수여해 왔습니다. 대관식 연회가 열렸던 시청 Kaiserhalle(황제홀)에서 수여식이 개최됩니다. 2001년에는 클린턴 미국 대통령이, 2004년에는 요한 바오로 2세 교황이, 2006년에는 프란치스코 교황이, 2008년에는 독일 메르켈 총리가 칼대제상을 받았습니다.

Monschau(몬샤우)는 아헨 남쪽 지역 Ruhr(루르) 강이 흐르는 좁은 계곡에 있는 동화 같은 작은 도시입니다. 루르 계곡에 펼쳐진 목조가옥을 따라 시내 골목길을 걷다 보면 시간을 거슬러 먼 옛날로 여행하고 있는 착각이 듭니다. 길을 걷는 것 그 자체가 동화의 나라에 초대되었다고 할 수 있습니다. 아기자기한 목조주택과 18세기 직물 산업의 전성기를 보여주는 귀족 주택인 Rotes Haus(붉은집)가 몬샤우의 깊은 역사를 대변해 주고 있습니다. 여름에 여행했기 때문에 몬샤우의 황홀한 겨울 동화를 직접 체험하지는 않았지만, 마을 주민은 "낭만적인 겨울 동화"를 강조하느라 정신이 없었습니다. 몬샤우 크리스마스 시장의 명성은 노르트라인-베스트팔렌주뿐만 아니라 국경을 넘어 벨기에, 네덜란드까지 유명세를 자랑하고 있다고 합니다. 이 작은 동화도시의 건물 지붕과 벽은 직사각형의 납작한 짙은 회색의 돌로 치장되어 있습니다. 어떻게 보면 생선 비늘과 같은 느낌이 들기도 합니다. 특이하면서도 분위기 있습니다.

몬샤우를 뒤로하고 노르트라인-베스트팔렌주의 역동적인 에너지 넘치는 심장부를 향해 아우토반을 달렸습니다. 그렇게 해서 Essen(에쎈)에 도착했습니다.

노르트라인-베스트팔렌주는 약 1천 8백만 인구로 독일에서 가장 경제 규모가 큰 나라입니다. Köln(쾰른), Düsseldorf(뒤셀도르프), Essen(에쎈), Dortmund(도르트문트), Duisburg(두이스부르크)등 인구 50만 이상의 대형도시와 중소도시가 밀집되어 있는 지역입니다. 독일 아우토반이 거미줄처럼 연결된 지역입니다. 독일에서 인구밀도가 가장 높고 공업지대를 중심으로 산업단지가 발달되어 있는 지역입니다. 1960년대 독일의 Wirtschaftswunder(경제기적)의 중심지이기도 합니다.

에쎈에 있는 Zeche Zollverein(탄광 산업단지)은 1851년부터 1986년까지 운영된 유럽에서 가장 큰 탄광이었습니다. 탄광 시설의 특이한 건축양식과 중공업 발전에 대한 기여로 2001년 유네스코 세계문화유산으로 지정되었습니다. 이 탄광 시설은 1963년부터 독일에 Gastarbeiter(손님 노동자)로 당시 서독 땅을 밟았던 우리 광산근로자의 땀과 눈물이 묻어 있는 곳이기에 방문이 더욱 의미 있습니다.

독일의 석탄산업은 20세기 중반 독일의 경제성장을 견인했으며 특히 중부 노르트라인-베스트팔렌주에서 서남부 자알란트주에 걸친 루르 지역에서 채굴되는 무연탄은 전후 독일 경제 재건을 주도했습니다. 그러나 독일 정부는 2007년 채굴 보조금을 단계적으로 폐지하여 2018년에 무연탄 생산을 완전 중단했습니다. 독일 내 무연탄 생산은 중단되었으나 갈탄 생산은 독일의 중요한 에너지원 중의 하나로 분류되어 지속되고 있습니다.

에쎈에는 파독 광부기념관 & 한인문화회관이 있습니다. 회관에는 광부와 간호사들의 역사가 담긴 자료사진들과 영상물이 정리되어 있습니다. 기념관은 교민 행사와 교민 상호 간 친교의 장이기도 하지만 독일 대학교 한국학과에서 공부하고 있는 독일 대학생들에게는 1세대 교포의 삶을 생각해 보는 장소이기도 합니다.

나의 대학 1학년 시절, 독문과를 다니고 있었지만, 독일이라는 나라가 이 지구상에 존재하지 않고 태양계의 다른 행성에 존재할 것 같은 그런 느낌뿐이었습니다. 대학생이 비행기 타고 다른 나라에 여행 간다는 것 자체를 상상도 할 수 없는 시대였으니까요. 그런데 재독 교포인 작은아버지 초청으로 여름방학 때 독일로 여행 갈 예정이라고 자랑하는 여학생이 있었습니다. 정말 부러웠습니다. "뭐 작은아버지가 재독 교포라고." 재독 교포라는 그 단어가 엄청 무게감 있게 느껴졌습니다. 그 여학생은 나에겐 "가까이하기엔 너무 먼 당신"이었습니다. "재독 교포 작은아버지"라는 말 한마디에 그녀는 고귀한 집안의 규수처럼 보였고 나는 그 집안에서 마당을 쓸고 있는….

독일 1세대 교포들은 모두 소설/영화 〈국제시장〉의 주인공 덕수와 영자였습니다. 가난했던 시절 가족을 먹여 살리기 위해 이역만리 독일 땅을 향해 눈물과 함께 김포공항을 떠나야만 했던 사람들이었습니다. 독일에 발을 디딘 그들에게 가족에 대한 그리움은 배부른 소리였습니다. 당장 하루 살아가는 것이 더 중요했기 때문입니다. 그들은 가족을 먹여 살리기 위해 죽어라 일하면서 한편으로는 자신들의 삶을 개척해야 했습니다. 부족한 독일어로 아슬아슬하고 위태위태하게, 때로는 호기도 부려가며 독일 사회에서 생존해야 했습니다. 그들은 지금 독일에서 살고 있고 독일에서 생을 마감하고 묻힐 것입니다. 그러나 그들은 한국 사람입니다. 독일로 국적을 바꾼 사람도 많지만 그럴수록 그들은 한국 사람일 수밖에 없습니다. 세월 앞에 장사 없다고 그들의 젊음은 흔적도 없이 사라져 버리고 검은 머리가 파뿌리가 되었지만 그럴수록 그들은 더욱 한국 사람이 되어가고 있습니다. 2013년 프랑크푸르트에서 근무할 때 파독 근로자 50주년을 기념하여 〈이미자의 Guten Tag! 동백아가씨〉 공연이 있었습니다. 그 공연에 참석했던 교포 1세들은 모두 울었습니다. 나는 잘 알고 있습니다. 그들이 흘렸던 눈물의 의미를. 독일 1세대 교포들은 오늘도 "나의 살던 고향은 꽃피는 산골. 복숭아꽃 살구꽃 아기 진달래~" "엄마야 누나야 강변 살자 뜰에는 반짝이는 금 모래 빛, 뒷문 밖에는 갈잎의 노래~"를 부르고 있을 것입니다. 소년 소녀의 마음으로 노래하고 있을 것입니다.

9.
만추의 Mosel 언덕은 황금빛으로 빛나고

"김 영사님, 저 좀 살려 주세요. 큰일 났습니다." 나의 핸드폰에는 아시아나 항공 프랑크푸르트 공항 소장의 숨넘어가는 목소리뿐이었습니다. "뭔 일인데 이렇게 숨이 넘어갑니까? 평소 그렇게 자신 있는 목소리는 어디를 가고."

"김 영사님, 지금 제 코가 석 자인데 무슨 여유가 있겠습니까. 제 아내 여고 동창 친구들이 다음 주에 프랑크푸르트 온다는데 진짜 큰일 났습니다. 잠이 오지 않습니다." "여고 친구들이 오는데 왜 큰일이 납니까. 숨넘어가는 소리에 진짜 뭐 큰일 난 줄 알았습니다."

"저와 제 아내만 믿고 친구들이 프랑크푸르트에서 1주일 가까이 머물 예정이라고 하는데, 기대를 무척 크게 하고 있다는데, 저나 아내나 뭘 알아야지 안내를 하든 말든 할 것 아닙니까. 독일 근무가 아직 1년도 되지 않은 데다 여기저기 여행 다녀본 시간도 별로 없었고요."

"라인강, 하이델베르크, 로텐부르크 등 한국 관광객들이 즐겨 찾는 곳으로 안내하면 되겠네요."

"아이고, 아닙니다. 그것으로는 턱없이 부족하고 숨어 있는 진주를 보고 싶다는 것 아닙니까. 독일 현지에 거주하고 있는 친구가 있으니 우리나라 관광객들이 다람쥐 쳇바퀴 돌듯 맨날 가는데 또 가지 말고 뭔가 다른 곳으로 가고 싶다는 것 아닙니까." "우리 공항 소장님 진짜 큰일 났네.

부인 여고 친구들이 잘못하면 저승사자가 될 수도 있겠습니다."

"그러니까요. 이 급한 상황에 생각나는 사람은 김 영사님뿐입니다. 급한 상황에 지금 제가 찬밥 더운밥 가릴 상황이 아니지 않습니까. 김 영사님 바지 붙잡고 살려 달라고 애원하는 수밖에 무슨 다른 방법이 있겠어요."

"10월 말 단풍이 아름다운 계절이니 Mosel(모젤강)로 안내하면 좋겠습니다."

　

　모젤강은 프랑스 동부 지역에서 발원하여 룩셈부르크 Shengen(쉥엔)과 독일의 가장 역사 깊은 도시 Trier(트리어)를 지나 Koblenz(코블렌츠)에 당도하여 독일의 젖줄인 라인강을 만납니다. 독일의 모젤강은 단순하게 지루하게 흘러가지 않습니다. 뱀이 S자 모양으로 기어가듯이 그렇게 돌고 돌아갑니다. 풍광도 독일의 모젤강이 압도적으로 뛰어납니다. 강물이 천천히 흘러갑니다. 아름다움과 평화로움이 평행선이 되어 달립니다. 강변에 앉아 유유히 흘러가는 모젤강의 흐름을 보고 있으면 엄마의 따뜻한 품속을 절로 생각하게 됩니다. 그래서 독일 사람들은 라인강을 "아버지의 강"으로 부르고 모젤강을 "어머니의 강"이라고 합니다. 부드러운 강물의 흐름과는 다르게 강변 언덕의 경사면 포도밭은 현기증을 일으키고도 남습니다. 독일의 포도밭 산지 중에서 70도가 넘어가는 가장 급경사의 포도밭이 강변을 따라 끝없이 펼쳐져 있습니다. 강변에서 위로 쳐다보는 포도밭도 가파르게 보이지만 포도밭을 힘들게 조금 올라가서 중턱에서 아래로 내려다보면 다리가 후들후들 떨립니다. 그냥 낭떠러지 같습니다. 그러나 그 낭떠러지 같은 곳에 포도가 탐스럽게 주렁주렁 열려 익어 가고 있습니다.

　언제나 내 마음 안에 있는 독일

독일에서 식용 포도는 거의 재배되지 않습니다. 먹는 포도는 대부분 외국으로부터 수입에 의존하고 있습니다. 독일에서 생산되는 포도는 Wein-trauben(포도주용 포도)입니다. 머리 위에 포도송이가 주렁주렁 열리는 우리나라 포도 과수원 같은 모습은 독일에서는 먼 나라 이야기입니다. 독일 포도밭에는 사람 키 정도 크기의 포도나무가 일자로 줄지어 자라고 있습니다. 그렇게 크지 않은 나무에서 포도주용 포도가 풍성하게 열매를 맺습니다. 포도알 크기도 머루 정도로 크지 않습니다. 독일의 포도 산지는 주로 중남부 지역에 널리 분포되어 있습니다. 독일은 프랑스, 이탈리아, 스페인과 비교할 때 상대적으로 일조량이 높지 않기 때문에 햇볕이 약간 부족해도 잘 자라는 백포도가 주로 재배되고 있습니다. 모젤강은 독일 포도밭 산지에서 가장 위도가 높은 곳에 있어 독일 포도 재배의 북방한계선이라고 할 수 있습니다. 적포도잎은 검붉은색으로 단풍이 들지만, 백포도잎은 노랗게 황금색으로 눈부시게 단풍이 듭니다. 10월 말 모젤강의 포도밭은 황금물결로 눈이 부십니다. 하루해가 저물어 가는 석양 무렵의 모젤강의 낭만은 말로 설명할 방법이 없을 정도로 황홀합니다.

우리나라에 본격적으로 포도주가 수입되어 보급되기 전에 "마주앙"이라는 이름의 포도주가 있었습니다. 요즘 젊은 세대는 잘 모르겠지만 50대 이상 세대는 이름을 한 번쯤 들어 봤고 마셔 봤을 것입니다. 그 백포도주가 바로 독일 모젤강 Riesling(리슬링) 백포도주입니다. 우리나라 회사가 모젤강 백포도주 원액을 수입해서 "마주앙"이라는 이름표를 달아 판매하고 있습니다. 이렇듯 독일 모젤강의 포도주는 오랜 옛날부터 우리의 입을 즐겁게 해 주었습니다. 모젤강을 9월 이후 가을에 여행하게 되면 Federweisser라는 특별한 것을 즐길 수 있습니다. 포도가 포도주 통에서 발효를 시작하면 하얀 Feder(깃털)같은 것이 액체에 생성됩니다. 포도가 발효되고 있어 알코올 기운도 있습니다. 그야말로 포도주도 아니고 포도 주스도 아닌 이것도 아니고 저것도 아닌 어정쩡한 물건입니다. 그러나 9월, 10월에만 즐길 수 있는 특별한 음료입니다. Federweisser는 Zwiebelkuchen(양파 케이크)과 궁합이 아주 잘 맞습니다. 독일 사람들은 Federweisser 한 잔과 양파 케이크 한 조각을 계절의 별미로 즐깁니다.

모젤강은 최고의 자전거 하이킹 코스로도 명성이 자자합니다. 강변을 따라 자동차 도로 옆으로 자전거 도로가 끝까지 이어지고 있습니다. 10월 말 만추의 모젤강 자전거 하이킹은 그냥 꿈입니다. 자전거 하이킹으로 워낙 유명하다 보니 어디에서든지 자전거를 쉽게 빌려 모젤강의 환상적인 아름다움을 만끽할 수 있습니다. 10월 말 만추의 모젤강 자전거 하이킹은 독일, 유럽을 넘어 전 세계에서도 으뜸이 아닐까 감히 생각해 봅니다.

룩셈부르크 국경과 가까운 곳에 있는 도시 Trier(트리어)는 로마의 유적이 살아 있는 2천 년이 넘는 역사의 자취를 그대로 품고 있는 도시입니다. 구시가지 초입에는 검게 그을린 Porta Nigra(검은문)가 육중하게 버티고 있습니다. 게르만족의 침공을 막기 위해 로마인이 서기 200년경에 세운 4개 성문중의 하나로 유일하게 원형이 잘 보존되고 있는 로마 유적입니다. 모젤강 위로 2천 년의 역사를 지닌 Römer Brücke(로마의 다리)가 있습니다. 지금도 그 다리 위로 수많은 차량이 다니지만 당당하게 버티고 있습니다. 도시의 외곽에는 3세기 전후에 지어진 목욕탕 지역과 황제 온천장 일부가 남아 있습니다. 트리어의 찬란한 로마 유적은 모두 유네스코 세계문화유산으로 지정되어 그 역사적 가치를 인정받고 있습니다. 독일에서 가장 오래된 성당중의 하나인 Trier Dom(트리어 대성당)이 구시가지 중심에서 위용을 자랑하고 있습니다. 또한 공산주의 이론 창시자인 Karl Marx(칼 막스) 생가가 있는 도시로도 유명합니다. 그의 생가는 그의 생애를 소개하는 박물관으로 개조되어 역사에 관심이 많은 방문객을 기다리고 있습니다.

그림같이 아름다운 모젤강을 따라 Bernkastel-Kues(베른카스텔-쿠웨스), Traben-Trabach(트라벤 트라바하), Beilstein(바일쉬타인), Cochem-(코헴) 등 동화 같은 작은 도시들이 펼쳐집니다. 화려한 꽃으로 장식된 목조가옥과 포도주 선술집, 레스토랑, 카페가 줄지어 있는 작은 광장과 좁은 골목길은 낭만의 기운을 품어내며 관광객의 발을 묶어 놓고야 맙니다. 바일쉬타인 언덕에 있는 폐허 고성과 코헴 언덕에 있는 Reichsburg(라익스부르크) 고성에서 바라보는 만추의 모젤강과 강변 경사면의 황금색 포도밭의 황홀함을 어떻게 말로 설명할 수 있을까요. 코헴과 바일쉬타인 지역을 자전거로 하이킹하고 먹고 마시고 낭만을 즐기기에는 하루의 시간이 너무 짧습니다.

모젤강이 라인강을 만나는 Koblenz(코블렌츠)와 가까운 곳에 유네스코 세계문화유산에 빛나는 Burg Eltz(엘츠) 중세 고성이 자리 잡고 있습니다. 엘츠 고성은 모젤강 변에 있지 않습니다. 강에서 산속으로 약 3km 정도 안으로 들어가면 그 장엄한 자태를 보여 줍니다. 독일은 유럽의 다른 나라와 달리 근대 민족국가로 발전하기 전까지 느슨한 신성로마제국이라는 울타리 안에서 300여 개의 독립왕국과 공국, 자유시 등으로 분열되어 있었습니다. 그런 역사적인 배경으로 독일에는 중세 고성이 전 지역에

셀 수 없을 정도로 많이 분포되어 있습니다. 다른 유럽 국가와 비교가 되지 않을 정도로 중세 고성이 많이 있습니다. 당장 자랑하고 싶은 고성이 수십 개에 달하지만 그중 제일 먼저 꼽고 싶은 고성은 모젤강에서 가까운 곳에 있는 엘츠성입니다. 한 번도 파괴되지 않고 900년의 역사를 원형 그대로 보존하고 있는 엘츠성은 독일을 넘어 유럽 전체에서 가장 뛰어난 중세 고성으로 평가되고 있습니다. 중세 기사의 생활상을 한눈에 볼 수 있는 성은 엘츠 가문의 후손에 의해 잘 관리되고 있습니다. 유네스코 세계문화유산에 빛나는 엘츠성은 "진짜 중세 고성" 중의 고성이라고 할 수 있습니다.

일부 독일 사람들과 우리 독일 교포들은 독일 농부들이 건강과 환경을 중요시하기 때문에 농작물에 농약을 사용하지 않는다고 하면서 사과 등 과일을 물로 깨끗하게 씻지 않고 옷에 한두 번 비벼 가볍게 먹기도 합니다. 그러나 이는 잘못된 정보입니다. 독일도 병충해가 심해 농약을 하지 않고는 과일, 채소 등 농작물을 제대로 키울 수 없습니다. 농약을 사용하지 않으면 상품 가치가 떨어진 농산물이 생산될 수밖에 없습니다. 독일에서 농약을 사용하지 않은 유기농 농작물은 생각보다 그렇게 많지 않습니다. 독일 농부들은 농약 사용을 줄이기 위해 노력한다고 합니다. 무농약은 결코 아닙니다.

그러나 예외적으로 농약을 거의 사용하지 않는 농작물이 있습니다. 그것이 바로 포도주용 포도입니다. 포도는 수확하자마자 바로 으깨어 포도주로 담기 때문에, 수확할 때 포도에 물기가 없는 건조된 상태여야 합니다. 포도에 농약을 사용했다면 담기 전에 물로 씻어야 하는데 그 많은 포도를 그렇게 할 수 없습니다. 물리적으로 불가능합니다. 어차피 으깨어 술통에 들어가면 발효되는 것이니 포도송이가 좋든 나쁘든, 포도송이에 먼지가 묻어 있든 크게 신경 쓸 일이 아닌 것 같습니다. 실제로 포도가 수확되어 술통에 들어가는 것을 직접 보면 포도주가 별로 좋은 술은 아니구나 하는 생각이 듭니다. 포도주 숙취가 가장 견디기 어렵습니다. 포도주만큼 상상을 뛰어넘는 수준으로 대량 생산되는 술도 이 지구상에 없을 것입니다.

독일 TV 방송이 유명한 소믈리에를 초청하여 포도주를 시음하는 행사를 방송했습니다. 소믈리에는 안대로 눈을 가리고 3유로에서 100유로까지 다양한 포도주를 시음했습니다. 그리고 그는 6유로 포도주를 최고의 포도주로 선택했습니다. 독일 사람들은 보통 5유로에서 15유로 사이의 포도주를 즐겨 마십니다. 가성비 좋은 적당한 가격의 포도주를 즐깁니다. 좋은 분위기에서 좋은 사람들과 행복하게 마시면 값싼 포도주도 입안 가득히 퍼지는 향을 발산할 것이며 그 반대의 경우라면 아무리 값비싼 포도주라도…. 우리나라에도 독일 백포도주가 수입되어 판매되고 있습니다. 당연 모젤 백포도주도 찾을 수 있습니다. "마주앙"으로 우리의 입맛을 사로잡은 모젤 백포도주는 가성비 좋은 포도주라고 할 수 있습니다. 독일 유명 소믈리에가 6유로의 포도주를 최고의 포도주로 선택했듯이 적당한 가격에 은은한 향기를 발산하는 모젤강의 백포도주에 취해 보는 것도 좋을 것 같습니다.

아시아나 항공 프랑크푸르트 공항으로부터 전화가 왔습니다. 그의 목소리는 흥분 자체였습니다. "김 영사님, 모젤강입니다. 모젤강에 왔습니다.

풍광이 기가 막힙니다. 만추의 모젤강의 아름다움과 낭만을 제 입으로는 도저히 설명할 수가 없습니다. 노랗게 물든 경사면의 포도밭 언덕은 말할 필요도 없고요. 조그만 도시가 그냥 한 폭의 그림입니다. 그림엽서가 따로 없습니다. 김 영사님 덕분에 아내 친구들로부터 100점이 아니라 천 점, 만 점을 따 버린 것 같습니다. 정말 낙원이 따로 없네요. 옆에 서울에서 온 아내의 친구분이 감사 인사를 하겠다며 전화를 바꿔 달라고 하네요."

"안녕하세요, 전화로 인사드립니다. 말로 설명할 수 없는 낭만 가득한 곳을 소개해 주어 어제, 오늘 관광 잘하고 있습니다. 어제 너무 좋아 오늘 다시 와서 불타는 모젤강의 낭만을 즐기고 있습니다. 여행사를 통해 단체로 독일에 왔다면 어떻게 이런 곳을 올 수 있겠어요. 친구 남편분이 김 영사님이 독일 전문가라고 하시더니만 정말 확실한 전문가네요. 저희 너무 너무 행복합니다. 평생 잊을 수 없는 추억이 될 것 같습니다. 서울에 일시 귀국하시면 꼭 전화 주시기 바랍니다. 저희가 저녁 식사라도 한번 모시고 싶습니다."

(Mosel)

10.
역사와 문화를 찾아,
자연을 찾아 Freistaat Thüringen으로

    Weimar(바이마르)에 비가 내리고 있었습니다. 옷깃을 날리고 머리카락을 춤추게 하는 4월의 변덕스러운 바람과 함께 비가 내리고 있었습니다. 바람과 비가 함께하는 바이마르는 어둡고 스산했습니다. 하필이면 이런 변덕스러운 날에 바이마르를 찾아와서 그것으로도 모자라 스산한 공동묘지를 향해 발길을 재촉하고 있다니. 무엇 때문에?

    공동묘지에 도착했습니다. 아무도 없었습니다. 따뜻하고 화창한 날이었다면 많은 사람이 찾았을 것입니다. 그러나 그날은 궂은 날씨 때문이었는지 아무도 없었습니다. 묘지의 분위기가 더욱 우울해 보였습니다. 그러나 "독일 역사와 문화에 대해 나만큼 관심 있는 사람 있으면 어디 한번 나와 보라고 해. 이 정도는 되어야 독일을 좋아한다고 할 수 있는 것 아니겠어."라는 말을 혼자 중얼거리며 묘지에 들어섰습니다. 비 내리는 우중충한 날씨에 묘지를 찾고 있는 나에 대한 옹색한 변명이었습니다. 묘지 중앙에 있는 영묘에 들어섰습니다. 예쁜 독일 아가씨가 혼자 영묘 1층에 근무하고 있었습니다. 입장권을 받아 지하로 내려갔습니다. 괴테와 쉴러의 관이 나란히 놓여 있고 관 앞에는 각각 촛불이 타고 있었습니다. 참배객이 놓고 간 붉은 장미꽃이 괴테와 쉴러 관 위에 흩어져 있었습니다. 나무색의 괴테와 쉴러 관은 무섭지 않았으나 그 옆에 놓여 있는 많은 작센-바이마르-아이제나하 공국 귀족들의 시커먼 관은 음침한 날씨와 함께 좀 무서운 느낌이 들었습니다. 참배를 마치고 젊은 독일 아가씨가 혼자 근무하고 있는 영묘 1층으로 다시 올라갔습니다.

"한 가지 질문이 있는데요. 오늘같이 비바람 부는 스산한 날에는 묘지와 영묘를 찾는 사람이 한 명도 없는데 이렇게 공동묘지 한가운데 하루 내내 혼자 있으면 좀 기분이 그렇지 않나요? 바로 밑에 시커먼 관들이 여러 개 있는데 무섭지 않나요?" "전혀 무섭지 않아요. 귀신이 있다고 해도 독일의 대문호인 괴테와 쉴러, 귀족 공작의 혼령인데 뭣이 무섭겠어요. 악령이 아니라 모두 좋은 귀신 아니겠어요. 훌륭한 귀신 덕택에 조그만 도시 공동묘지에서 동양에서 온 당신을 비롯하여 전 세계 사람들을 다 만날 수 있지 않아요. 여기보다 더 좋은 일자리가 어디에 있겠어요." 젊은 독일 아가씨는 내 못지않게 꿈보다 해몽을 더 멋지게 잘했습니다. 비바람 부는 바이마르 공동묘지에서 나는 괴테와 쉴러의 영혼을 만났고 나와 대적하여 한 발짝도 물러서질 않을 강력한 적수를 만났습니다.

바이마르 시내 분위기 좋은 카페에서 커피 한 잔을 즐기고 있었습니다. 내 옆자리 독일 중년여성이 어느 나라에서 왔냐며 말을 건넸습니다. "예, 한국에서 왔습니다. 한국 사람입니다." 그녀는 반가워하며 "한국 사람들은 음악을 어떻게 그렇게 잘합니까? 선천적으로 부모로부터 음악적인 재능을 타고나는 겁니까? 아니면 무슨 특별한 교육을 받아서 그렇게 잘하는 겁니까?"

뜻밖의 질문이었지만 나는 그녀가 그런 질문을 하는 배경을 잘 알고 있

언제나 내 마음 안에 있는 독일

었습니다. 독일에서 음악을 전공하고 있는 우리나라 유학생의 실력이 대단합니다. 다른 학문 분야와 비교하여 독일어 진입장벽이 높지 않아 우리나라 학생들이 클래식 음악의 본고장인 독일에서 어렵지 않게 공부할 수 있지만, 무엇보다도 우리나라의 젊은 음악도들의 실력과 열정 자체가 대단합니다. 기악과 성악 모두 한국 유학생의 수준이 독일 학생이나 다른 나라 유학생보다 월등하게 뛰어나다고 합니다. 그래서 그대로 두면, 실력으로만 학생을 선발하게 되면 조만간 독일에 있는 음대는 모두 한국 학생들이 싹쓸이해 버릴 운명이라고 합니다. 실력을 기준으로 입학허가를 하는 것이 공정하고 상식적이지만 독일 음악도도 키워야 하는 상황에서 고민 끝에 입학 쿼터제도를 도입하는 음대가 늘어나고 있습니다. 문화도시 바이마르의 명성답게 Weimar Musikhochschule(바이마르 음대)의 명성도 대단합니다. 그런 바이마르 음대가 고민 끝에 독일 음대 중에서 최초로 한국 유학생을 대상으로 쿼터제도를 도입하였습니다. 바이마르 음대는 우수한 한국 학생을 대상으로 쿼터제도를 실시하는 것이 타당하냐는 문제를 두고 고민에 고민을 거듭한 끝에 어려운 결정을 내렸다고 발표했습니다.

"음악 등 예술은 타고난 재능이 더 중요한 것 같아요. 타고난 음악가 앞에 어떤 장사가 있겠습니까. 바이마르 음대 같은 수준 높은 학교에서 교육받으면 더 훌륭한 음악인이 되겠지만 기본적으로 재능을 타고나야 하지 않겠습니까. 저를 보세요. 클래식 기타 배우겠다고 몇 년 동안 집에서 혼자 연습하고 있지만 〈사랑의 로망스〉 하나 제대로 칠 줄 모르는 사람 아닙니까. 아무리 해도 되지 않습니다. 타고난 재능이 없기에." 나의 대답이었습니다. 바이마르의 나의 하루는 그렇게 흘러갔습니다.

Schloss Wartburg(바르트부르크성)는 Thüringer Wald(튀링엔숲)이 시작되는 Eisenach(아이제나하) 인근 산 절벽에 있는 성으로 중세 Thüringen(튀링엔) 지방의 문화중심지라고 할 수 있습니다. 독일에 있는 중세 고성중에서 제일 먼저 1999년에 유네스코 세계문화유산으로 지정되었습니다. 그만큼 문화사적으로 중요하고 의미가 깊은 성입니다. 종교개혁 300주년을 기념하여 1817년 독일 Burschenschaft(학생연합회) 450명이 민족주의 행사인 Wartburg Festival(바트부르크 축제)를 개최한 곳으로 독일 역사의 한 페이지에 남아 있습니다. 그러나 바르트부르크성은 마르틴 루터를 제일 먼저 떠오르게 합니다. "바르트부르크성 = 마르틴 루터"의 등식은 결코 무리한 주장이 아닙니다. 바르트부르크성이 독일 고성중에서 최초로 유네스코 문화유산으로 지정된 것도 건축학적인 가치와 함께 종교개혁가 루터의 혼이 살아 있는 문화사적인 가치 때문입니다.

루터는 교황으로부터 파문당하고 신변의 위협 속에서도 교회 개혁에 대한 신념을 굽히지 않았습니다. 작센 선제후가 그를 보호하여 바르트부르크성으로 피신시켰습니다. 그는 그곳에서 10개월 정도 머물면서 그리스어 신약성서를 독일어로 번역했습니다. 그의 번역으로 그는 "현대 독일어의 아버지"로 추앙받게 되었습니다. 루터가 신약성서를 번역하고 다른 저술에 몰두했던 투박한 나무 책상과 의자가 놓여 있는 작고 낡은 작은 방이 Lutherstube(루터방)로 이름을 달고 방문객을 기다리고 있습니다. 일반 관광객은 물론 개신교 신자라면 꼭 한 번 방문해야 하는 의미 깊은 성지라고 생각됩니다.

바르트부르크성은 중세 음유시인(Minnesänger)의 대회 장소로도 유명

언제나 내 마음 안에 있는 독일

했습니다. Richard Wagner(리차드 바그너)가 여기에서 영감을 얻어 그 유명한 오페라 Tannhäuser(탄호이저)를 구상했다고 합니다. 이 산성에는 일반 관광객을 위한 호텔도 있습니다. 그곳에 숙박하면서 역사 여행과 함께 튀링엔숲의 파노라마를 즐기는 것도 결코 잊을 수 없는 추억이 될 것입니다.

Erfurt(에어푸르트)는 튀링엔주의 주도입니다. 에어푸르트 구시가지는 독일에서 가장 보존이 잘되어 있는 중세도시 중의 하나입니다. Krämmer-brücke(상인의 다리), 유네스코 세계문화유산으로 유럽에서 가장 오래된 Alte Synagoge(옛 유대교회)와 Domberg(대성당 언덕)을 걷다 보면 낭만적인 구시가지의 매력에 흠뻑 빠지게 됩니다. 에어푸르트는 다양한 꽃과 채소 재배로 유명한 도시이기도 합니다. 원예박물관이 있는 꽃의 도시로 불립니다. 독일을 여행하는 사람이라면 항상 기억하고 찾아가야 하는 매력덩어리 도시입니다.

바이마르는 문화도시입니다. 독일의 대문호 괴테를 중심으로 하는 독일 계몽주의의 중심지입니다. 바이마르는 1991년 1년 동안 유럽의 문화수도로 지정되기도 했습니다. 독일 디자인 학교 Bauhaus(바우하우스) 운동이 창시된 곳으로 "고전 바이마르 지구"와 "바우하우스 지구"가 유네스코 세계문화유산으로 지정되어 있습니다. 1775년 괴테가 정주하면서 바이마르는 독일 지식인의 순례지가 되며 황금기를 누리게 되었습니다. 바이마르에서 괴테는 대문호이면서 동시에 작센-바이마르-아이제나하 공국의 재상이었습니다. 괴테는 Anna Amalia(안나 아말리아) 공작부인의 적극적인 지원을 받아 바이마르 황금기를 열었습니다.

바이마르에는 100만 권 이상의 장서가 소장된 "안나-아말리아 공작부인 도서관"이 있습니다. 괴테가 근무하기도 했던 이 도서관은 독일 문학의 보고라고 할 수 있습니다. 유네스코는 그 가치를 인정하여 세계문화유산으로 지정하였습니다. 그러나 2004년에 아말리아 도서관에 대화재가 발생하여 독일 국민이 깊은 충격에 빠졌습니다. 내가 베를린에 근무하고 있었을 때였습니다. 도서관을 직접 방문하여 그 역사적 가치를 잘 알고 있었던 나에게도 엄청난 충격이었습니다. 5만여 권의 책이 수리할 수 없을 정도로 손상되었습니다. 도서관은 화재 발생 3년 후인 2007년에 다시 문을 열었습니다.

바이마르는 전 세계에 자랑할 수 있는 문화의 도시이지만 역사의 고통을 안고 있는 도시이기도 합니다. 시내에서 불과 8km 떨어진 외곽에 악명높은 Buchenwald(부헨발트) 나치 강제수용소가 있습니다. 그곳에서 공포에 떨다 56,000여 유대인이 죽음을 맞이했습니다. 결코 잊어서는 안 될 참혹한 역사의 현장입니다. 바이마르는 또한 독일 정치에서도 중요한 위치를 차지하고 있습니다. 1차세계대전 후 독일 최초로 국민의 생존권을 보장한 가장 발전된 형태의 민주헌법이 서명되어 바이마르 공화국이 탄생한 곳이기도 합니다.

튀링엔은 독일연방공화국을 구성하는 16개 연방주의 하나로 공식 명칭은 Freistaat Thüringen(튀링엔 자유국)입니다. 1866년 Deutcher Bund(독일연방)가 해체되기 전 지금의 튀링엔주에는 9개의 독립된 공국이 있었습니다. 이렇듯 역사와 문화를 자랑하고 있지만 동시에 자연의 보고이기도 합니다. 독일 사람들은 튀링엔 하면 자동으로 튀링엔숲을 떠올립니다. 자연

언제나 내 마음 안에 있는 독일

을 사랑하는 독일 사람이라면 다들 이미 자연 국립공원을 찾았을 겁니다.

튀링엔숲은 독일에서 가장 인기 있는 여행지 중의 하나입니다. 광대한 침엽수림과 혼합림이 있는 온화한 산 풍경은 자연과 사람을 연결합니다. 튀링엔숲에서 가장 유명한 하이킹코스는 능선 위로 이어지는 150km가 넘는 Rennsteig입니다. 독일에서 가장 인기 있는 튀링엔숲 고지대 하이킹 코스는 하이킹을 위한 완벽한 조건을 제공하고 있습니다. 혼합림과 침엽수림, 야생화가 만발한 초원지대, 넓게 트인 언덕이 대자연으로 여러분을 안내합니다. 튀링엔 자유국을 찾는 우리나라 관광객이 바르트부르크성, 에어푸르트, 바이마르에서 역사와 문화, 그리고 도시의 낭만에 취하고 튀링엔숲에서 대자연과 함께하는 시간을 보내면 좋겠습니다.

독일은 산림 국가입니다. 야트막한 초원에도 군데군데 무성한 전나무 숲이 있고 산 모양을 띠고 있는 구릉지대는 말할 필요도 없습니다. 짙은 숲이 사람을 기다리고 있습니다. 정말 숲의 나라입니다. 독일 전체 국토 면적의 1/3이 숲으로 덮여 있습니다. 침엽수림이 56%이며 활엽수림이 44%를 차지하고 있습니다. 독일의 숲은 47%가 개인 소유이며, 20% 정도가 법인이 소유하고 있다고 합니다. 개별 연방주가 약 30%를 소유하고 있으며 연방정부 소유는 3% 정도에 불과합니다. 가문비나무(독일 전나무), 소나무, 너도밤나무, 참나무 등이 대표적인 나무 종류입니다.

활엽수림은 대부분 자연림이지만 독일 전나무(가문비나무)는 대부분 인공림입니다. 가문비나무가 성장이 빠르고 좋은 목재를 제공하기 때문에 재조림하는 과정에서 가문비나무를 주로 심었는데 그 결과 단일 재배의 문제점이 제기되고 있습니다. 단일 재배가 산림 생태계를 악화시키고 병충해에도 약할 뿐만 아니라 기후변화에 취약하다고 합니다. 전나무와 너도밤나무와 함께 자라는 혼합림이 생물다양성을 높이고 기상이변에 적응할 수 있어 혼합림을 높이는 방향으로 독일의 산림정책이 추진되고 있습니다.

현재 독일의 숲은 건강하지 못하다고 합니다. 대기오염뿐만 아니라 가뭄, 폭풍, 해충의 영향으로 고통받고 있어 매년 30만 헥타르가 넘는 숲이 사라지고 있어 재조림이 필요하다고 합니다.

그러나 독일의 숲은 우리 같은 비전문가들의 눈에는 "건강한 자연의 선물"로 탄성과 부러움의 대상일 뿐입니다. 특히 인공 숲이라고 할 수 있는 가문비나무숲을 관리하기 위해서는 간벌 등 관리가 중요하기 때문에 독일의 숲은 자연스러운 흙길이 잘 정비되어 있습니다. 산림관리인이 이용하는 Forstweg(산림길)이 시민들에게 최적의 하이킹코스를 선물하고 있습니다. 숲을 하이킹하는 독일 사람들은 항상 행복한 얼굴입니다. 지나가는 사람에게 항상 웃는 얼굴로 인사를 건넵니다. 부모와 함께 하이킹하는 어린이들의 모습이 참 행복해 보입니다. 독일의 숲은 "녹색 섬"이자 "녹색 폐"입니다. 독일 사람들은 오락과 스포츠를 위해 "녹색 폐"를 광범위하게 사용하고 있습니다. 독일 사람들의 절반이 최소 2주에 한 번은 가족과 함께 숲을 찾아 하이킹하며 휴식을 찾고 있다고 합니다. 과거 80년대에는 Gymnasium(독일 인문계 중고등학교) 학생이 산림관리인을 가장 선호하는 미래 직업으로 꼽기도 했습니다. 그만큼 독일의 숲은 독일 사람들 곁에 있으면서 사랑받고 있습니다.

11.
Lahn을 따라 숨 가쁘게 이어지는 낭만

88 서울올림픽을 앞두고 올림픽에 대한 국민의 관심을 끌어올리기 위해 우리나라 지상파 TV 방송사에서 참가국의 관광지를 소개하였습니다. 독일의 경우 Heidelberg(하이델베르크)가 소개되었습니다. 하이델베르크를 소개한 연극배우 윤석화의 매력적인 목소리가 "황태자의 첫사랑 도시"를 하루아침에 독일에서 가장 아름답고 낭만적인 도시로 만들어 버렸습니다. 독일 하면 하이델베르크를 떠 올릴 정도로 하이델베르크는 우리나라 사람들에게 독일 관광의 성지가 되어 버렸습니다. 그 정도는 아닌데 지상파 방송의 위력이 정말 대단한 것 같습니다. 나는 솔직히 말해 하이델베르크에 대해 별로 매력을 느끼지 못했습니다. "독일 전문가를 꿈꾸는 사람은 일반 관광객과 뭔가 달라도 달라야 한다."라는 나의 쓸데없는 고집이 낭만의 도시를 가까이하지 않도록 만들었습니다. 그러나 나의 의지와 달리 서울에서 온 가족, 친척, 친구와 본부 출장단은 하이델베르크 노래만 불렀습니다. 그들의 성화를 이기지 못하고 마음에 내키지 않음에도 나는 하는 수 없이 하이델베르크로 방향을 돌려야만 했습니다. 별로 매력을 느끼지 못하고 있는 도시를 여러 번 가는 것도 고역이었습니다.

본부 출장단이 프랑크푸르트를 방문했습니다. 출장 업무를 무사히 마친 본부 동료 직원들에게 자투리 시간을 내어 독일의 모습을 보여 주고 싶었습니다. 그들은 역시나 1초도 고민하지 않고 한국 사람들의 독일 관광 성지인 하이델베르크 여행을 희망했습니다. 그러나 그때 구세주가 나타났습니다. 출장단 중에서 1명이 과거에 그 도시를 방문했다고 하면서 다른 곳으로 가면 좋지 않겠냐는 의견을 조심스럽게 개진했습니다.

"그럼요, 하이델베르크는 소문만 요란스럽습니다. 오늘 제가 Lahn(란강)을 따라가는 환상적인 코스로 모시겠습니다. 한국 관광객에게는 별로 알려진 곳이 아니지만, 하이델베르크보다 훨씬 아름다운 곳입니다. 저를 믿고 떠나 봅시다."

"김 영사님, 정말 기가 막히네요. 프랑크푸르트에서 멀지 않은 곳에 이런 동화 같은 마을이 이어지고 있는지 꿈에도 생각하지 않았습니다. 온천 휴양도시의 화려함은 말할 것도 없고요. 너무나 낭만적이고 환상적입니다. 한국 관광객들 모두 헛짓하고 있습니다. 역시 김 영사님이 자타가 공인하는 독일 전문가네요. 독일 전문가!! 관광 안내 하나만 보더라도 차원이 다릅니다."

란강을 따라 펼쳐진 Marburg(마부르크), Wetzlar(베츨라), Limburg(림부르크)는 모두 목조가옥의 앙상블이 너무나 낭만적인 도시라고 할 수 있습니다. 목조건물 사이의 좁은 골목길, 돌길과 돌계단을 걷다 보면 여기저기에서 작은 카페, 전통적인 독일 술집, 아기자기한 선물 가게가 여행객의 눈을 사로잡습니다. 정말 낭만 가득한 중세 분위기 가득한 도시입니다. 이 도시에 발을 디디는 여행객은 곧바로 타임머신과 함께 깊은 과거로의 여행에 들어서게 됩니다.

마부르크는 언덕에서 위엄 있게 아래 도시를 내려다보고 있는 Land-grafenschloss(헤센백작성), 구시가지에 자리 잡은 고딕양식의 Elisabeth-kirche(엘리자베드 교회), 고풍스러운 Alte Uni(구대학 건물)와 함께 여행객을 중세 분위기로 안내합니다. 마부르크는 Tübingen(튀빙엔)과 함께 대학도시로 독일 내에서 명성이 자자합니다. 마부르크 대학은 마르틴 루터의 종교개혁 이후 1527년에 최초로 문을 연 개신교 대학으로 학문적 명성이 대단합니다. 목조가옥의 도시 마부르크 구시가지는 그냥 그 자체가 동화라고 할 수 있습니다.

Alte Lahnbrücke(옛 란강 돌다리)에서 란강 암벽 위의 웅장한 Lim-burg(림부르크) 대성당과 성을 조망할 수 있습니다. 13세기에 건축된 대성당은 후기 로마네스크 건축의 완벽한 작품 중의 하나로 독일의 마르크화 지폐에 인쇄된 건축물이기도 합니다. 그만큼 유명한 건물이라고 할 수 있습니다. 프랑크푸르트에서 쾰른으로 향하는 A3 고속도로에서 내려다보는 림부르크 대성당과 대성당을 둘러싸고 있는 구도시의 모습은 탄성도 지를 수 없을 정도로 감동을 불러일으킵니다.

Wetzlar(베츨라)는 다양한 건축양식을 자랑하고 있는 대성당과 아름다운 목조건물이 조화를 이루고 있는 란강에 있는 작은 도시입니다. 란강의 오래된 돌다리에서 바라보는 대성당과 구시가지의 모습이 참 정겹습니다. 그러나 베츨라는 신성로마제국 대법원의 소재지로 역사의 현장에 있었던 도시이기도 합니다. 라이프치히 대학과 프랑스 스트라스부르 대학에서 법학을 전공했던 괴테는 변호사 연수를 위해 대법원이 있는 베츨라를 찾아 그곳에 머무르게 됩니다. 젊은 괴테는 무도회에서 운명 같은 여

언제나 내 마음 안에 있는 독일

인을 만나게 됩니다. 그녀가 바로 Charlotte(샬로테)입니다. 정혼자가 있는 샬로테를 향해 사랑에 눈이 멀어 버린 괴테는 이루어질 수 없는 사랑의 고뇌에 몸부림치게 됩니다. 괴테는 그의 사랑의 고뇌를 소설로 쓰기 시작했습니다. 그것이 바로 괴테의 Sturm und Drang(질풍노도)의 문학으로 유명한 Die Leiden des jungen Werthers(젊은 베르테르의 슬픔)입니다. 대성당과 목조가옥의 앙상블이 너무나 낭만적인 구시가를 지나 언덕으로 조금 올라가면 Lottehaus(로테의 집)이 우리를 기다리고 있습니다. 로테의 집은 문학기념관으로 지정되어 샬로테가 어린 동생들과 살았던 모습을 그대로 보여 주고 있습니다. 그녀가 어린 동생들과 괴테를 위해 쳤던 풍금이 그대로 남아 있습니다. 하루도 빠지지 않고 찾아오는 괴테에게 정혼자가 있는 샬로테는 사랑과 도덕 사이에서 고뇌합니다. 괴테를 사랑하기에 떠나달라고 애원합니다. 로테의 집을 방문하여 괴테와 샬로테의 이루어질 수 없는 사랑의 운명을 느껴 보는 것 하나만으로도 베츨라 여행은 가슴이 벅차오르고도 남습니다.

우리나라에 알려진 유명한 고전 문학작품 중의 하나인 〈젊은 베르테르의 슬픔〉은 제목에서부터 왜색이 숨어 있습니다. 전후 1960년대에 괴테의 초기 작품이 우리나라에 번역되어 알려지기 시작했는데 우리나라에서 독문학과 독일어를 하는 사람이 거의 없었기에 독일어를 우리말로 직접 번역하지 못하고 일본어로 번역된 것을 우리말로 번역하게 되었습니다. 그러하다 보니 바람직하지 않은 오류가 발생하게 되었습니다. 독일어로 Leiden은 슬픔이 아니라 "고뇌 또는 번민"입니다. Werther는 "베르터"로 원어 발음에 근접하게 우리말로 표기할 수 있습니다. 그러나 일본 사람들은 "어" 발음이 되지 않는다고 합니다. 그래서 베르터가 베르테르가 되어 버렸습니다. 우리나라 독문학 교수들이 왜색이 들어간 잘못된 표기를 바로잡아 〈젊은 베르터의 고뇌〉로 책을 출판하였습니다. 시중 서점에 가면 큰형 같은 〈젊은 베르테르의 슬픔〉 옆에 〈젊은 베르터의 고뇌〉가 꼬마 같은 모습으로 자리를 지키고 있습니다. 〈젊은 베르테르의 슬픔〉이 워낙 유명하다 보니 짝퉁이 아직도 큰소리치고 있습니다.

베츨라를 지나 깊은 산속을 굽이굽이 돌고 돌아가는 란강은 우리를 Bad Ems(바트 엠스)로 초대합니다. 인구 1만 명도 되지 않아 도시라고 이름 붙이기에도 어정쩡한 작은 도시입니다. 그러나 란강 바로 앞에 있는 도시 같기도 하고 마을 같기도 한 바트 엠스는 상상할 수 없는 화려함을 자랑하고 있습니다. 바트 엠스는 "유럽의 위대한 온천 도시"라는 이름으로 2021년에 유네스코 세계문화유산으로 지정되었습니다. 19세기 왕족의 휴양지로 건축된 바로크 양식의 웅장하고 화려한 건물은 이곳이 특별한 곳임을 한눈에 보여 주고 있습니다. 15개 이상의 미네랄 온천을 자랑하는 화려한 왕립 온천 시설은 화려함과 건강함을 원하는 사람에게는 성지와 같은 곳입니다.

미네랄 온천수에서 소금이 생산되어 호흡기 환자 치료를 위한 음용과 흡입용으로 그 유명한 Emser Salz(엠스 소금)가 생산된 곳이기도 합니다. 독일 이비인후과 의사와 약사들이 추천하는 최고의 약용 소금입니다. 바트 엠스에서 멀지 않은 곳에 독일이 자랑하는 최고의 탄산수인 Selters(젤터스)가 생산됩니다. 우리나라에서 "미원"이 상표 이름으로서 "미원"이기도 하지만 워낙 유명해져서 "인공조미료"로 보통명사화 되었듯이 Selters도 독일에서 상표 이름이기도 하지만 동시에 탄산수를 의미하는 보통명

언제나 내 마음 안에 있는 독일

사화 되었습니다. 그만큼 독일을 대표하는 최고 등급의 탄산수라고 할 수 있습니다. 이 Selters 탄산수가 바트 엠스에서 멀지 않는 지하에서 솟아 나오고 있습니다.

독일에는 Bad(온천)이라는 지명을 갖고 있는 온천 도시가 전국적으로 산재 되어 있습니다. 독일 남부 Schwarzwald(흑림)의 북부 지역에 있는 Baden-Baden(바덴-바덴)은 88 서울올림픽 개최가 결정된 곳으로 우리에게 많이 알려진 독일이 자랑하는 최고의 온천 휴양지입니다. 독일 중부 Hessen(헤센주)의 주도인 Wiesbaden(비스바덴)은 65도가 넘어가는 뜨거운 온천수가 20개 이상 있는 도시로 바덴-바덴과 쌍벽을 이루고 있는 대표적인 휴양도시입니다. Aachen(아헨)도 온천 도시로 유명합니다. 프랑크푸르트 바로 근교에 있는 내가 살았던 Bad Homburg(바트 홈부르크)는 독일제국 빌헬름 황제의 온천장이 있는 곳으로 유명합니다. Bayern(바이에른주) 북쪽에 있는 Bad Kissingen(바트 키싱엔)은 오스트리아 Sissi 황후와 독일제국 비스마르크 재상이 즐겨 찾은 온천 휴양지입니다. 베를린 인근에 있는 Bad Saarow(바트 사로우)는 구동독 공산당 간부들이 즐겨 찾았던 유명한 온천 휴양지입니다. 그밖에 Bad Nauheim(바트 나우하임), Bad Salzungen(바트 쌀중엔), Bad Soden(바트 조덴), Bad Wiesse(바트 비세), Bad Reichenhall(바트 라이엔할) 등 유명한 온천 휴양도시가 독일 전역에 있습니다. 온천 휴양도시에는 휴가객을 위해 시내 중심에 Kurpark(휴양 공원)이 멋지게 조성되어 있고 휴가객을 위한 다목적 서비스 시설인 Kurhaus(휴양의 집) 건물이 멋스러움과 화려함을 뽐내고 있습니다. Bad가 붙어 있는 온천 휴양도시는 다양한 온천 시설 외에도 고급 레스토랑, 카페 등으로 도시의 분위기가 대단합니다. 이런 도시는 사전에 이것저것 확인할 필요도 없고 망설일 필요도 없습니다. 그냥 가면 됩니다. 행복해집니다.

(Marburg)

12.
독일의 스위스를 찾아서

"여보, 따뜻하고 화창한 날씨인데 오늘 가볍게 당일치기로 스위스에나 다녀옵시다."

"어떻게 스위스를 하루에 다녀올 수 있어. 당신 지금 진심으로 하는 말이에요. 아니면 농담으로."

"아니 내가 일어나자마자 당신에게 농담이나 하고 있겠는가. 진짜로 오늘 스위스에 갔다 오자고."

"북부 독일 함부르크에서 스위스까지 가려면 1천 km 이상을 가야 하는데 무슨 재주로 거기를 하루에 다녀오냐고요. 말이 되는 소리를 해야지. 그렇게 황당한 소리를 하고 있으면."

"100km 정도에 불과해. 고속도로와 국도를 이용해야 하니 자동차로 1시간은 좀 넘게 걸리겠네. 아침 먹고 바로 스위스로 출발해 보자고. 날씨도 좋은데 스위스에 가서 호숫가 하이킹도 하고 자전거도 빌려 타고 배도 타고 호숫가에 있는 멋진 레스토랑과 카페에서 점심 먹고 커피도 마시고. 아주 환상적인 하루 소풍이 되지 않겠는가."

독일에는 Schweiz(스위스)라는 이름을 달고 있는 자연 국립공원이 3곳 있습니다. 함부르크 북쪽 Kiel(킬)과 Lübeck(뤼벡) 사이에 있는 얕은 평원에 200여 개의 자연 호수가 펼쳐져 있는 곳이 Holsteinische Schweiz(홀스타인의 스위스)입니다. Bayern(바이에른주) Nürnberg(뉘른베르크) 동쪽 지역의 바위 암석과 동굴이 많이 있는 지역을 Fränkische Schweiz(프랑켄의 스위스)라고 합니다. Sachsen(작센주) Dresden(드레스덴) 근처 엘베 강의 사암 지역이 Sächsische Schweiz(작센의 스위스)입니다.

19세기 말 20세기 초 독일의 부유 계층은 스위스 여행을 좋아했다고 합니다. 산이 없는 저지대에 사는 독일 북쪽 사람들에게 스위스 알프스와 구릉 초원이 어떻게 보였겠습니까. 멋지게 보였겠지요. 자기들이 사는 지역이 산이 없는 얕은 들판이지만 그래도 아름다운 호수가 펼쳐진 곳이기에 이만하면 스위스라고 불러도 되겠다 싶어 "홀스타인의 스위스"를 탄생시켰다고 합니다. "프랑켄의 스위스"와 "작센의 스위스"는 웅장한 바위 암벽의 풍광이 스위스 풍광과 비슷해서 이 지역을 여행하던 여행작가가 스위스라는 이름을 붙이게 되었다고 합니다.

홀스타인의 스위스는 슐레스비히-홀스타인주에서 가장 큰 자연 국립공원입니다. 홀스타인의 스위스는 200여 개가 넘는 자연 호수, 낮은 언덕, 광활한 숲, 들판 등 아름다운 자연이 다양한 문화 활동과 결합하여 평화와 휴식의 오아시스를 제공하고 있습니다. Bad Malente(바트 말렌테), Plön(플뢴), Eutin(오이틴), Bosau(보사우) 마을에는 다양한 수상 리조트 시설이 잘되어 있습니다. 홀스타인의 스위스는 하이킹, 사이클링, 보트 투어, 낚시의 천국이라고 할 수 있습니다. Grosser Plöner See(큰 플뢴호수) 앞 언덕에 당당하게 자리 잡은 하얀 백색의 Schloss Plön(플뢴성)의 자태가 눈부십니다. 그 성을 지나 호숫가를 2.5km 정도 걷다 보면 Prinzen-insel(왕자의 섬)에 도달하게 됩니다. 좁은 길이 호수를 가로질러 여행객

언제나 내 마음 안에 있는 독일

을 왕자의 섬으로 안내해 줍니다.

　왕자의 섬은 1910년 독일의 마지막 황제인 빌헬름 2세가 왕자들의 전원
생활 체험과 농업교육을 위해 매입하였으며 지금도 호헨촐레른 가문 소
유입니다. 왕자들이 머물렀던 농가에는 "Nichts Besseres gibt es, nichts
dem freien Manne Würdigeres, als den Landbau(더 좋은 것은 없어라.
자유로운 남자에게 농업보다 더 영예로운 것은 없어라)"라는 글이 새겨져
있습니다. 아들을 홀스타인의 스위스에 보내 놓고 빅토리아 황후는 잠을
편하게 이루지 못했던 것 같습니다. 황후가 전원생활 체험과 농사일을 하
는 왕자를 보고 싶어 이곳을 여러 번 찾았다고 합니다. 환상적인 호수 전
망을 자랑하는 왕자의 섬 끝자락에 황후의 정자가 있습니다. 그녀는 그
곳에 앉아 다가올 제국의 운명을 예감하며 황제의 관을 쓰지 못할 왕자를
생각하며 눈물 지었는지 모르겠습니다.

　프랑켄의 스위스는 바이에른주 제2의 도시 뉘른베르크 오른쪽 지역에
있는 자연공원입니다. 프랑켄의 스위스라는 이름이 붙기 전에는 이 지역
을 Muggendorfer Gebürg(무겐도르프 산악지대)라고 불렀습니다. 눈에
띄는 암석과 1천 개가 넘는 동굴, 35개가 넘는 중세 고성과 유적이 있는
특별한 곳입니다. Pottenstein(포텐슈타인) 마을에 있는 기괴한 바위 암벽
과 그 암벽에 기생하고 있는 목조가옥을 보고 있으면 "어떻게 기괴한 모
양의 바위가 저렇게 높이 솟아 있을까? 저 바위 옆에 어떻게 저런 집을 지
을 생각을 했을까?" 중얼거리지 않을 수 없습니다. 프랑켄의 스위스는 세
계에서 맥주 양조장과 증류주 밀집도가 가장 높은 지역이기도 합니다. 프
랑켄의 스위스에서 여행은 숨 막히는 자연풍광과 함께 발견하고 체험할

것이 많아 지루할 틈을 주지 않습니다.

작센주 엘베강의 사암 산맥을 작센의 스위스라고 합니다. 연간 150만 명이 찾고 있는 기암괴석 군의 Bastei(바스타이)와 Festung Königstein(쾨니히슈타인 요새)가 특히 유명합니다. 엘베강 변 마을에서 30분 정도 숨 가쁘게 올라가면 바스타이에 다다르게 됩니다. 기기묘묘하게 생긴 바위를 이어주는 다리와 전망대에서 바라보는 Lilienstein(릴리엔슈타인산)과 쾨니히슈타인 요새의 전망이 압권입니다. 바위 암벽을 병풍 삼아 발아래 굽이굽이 흘러가는 엘베강의 흐름 또한 한 장의 그림엽서가 되고도 남습니다.

바스타이에서 내려다보는 엘베강의 모습이 한 폭의 그림과 같습니다. 평화롭습니다. 그 강 위로 증기 유람선이 관광객을 가득 싣고 평화로운 물살을 가르고 있습니다. 그러나 그 평화롭고 잔잔한 엘베강은 구동독 시대에 많은 아픔을 감내해야 했습니다.

1990년 10월 3일 독일은 분단의 역사를 뒤로하고 통일되었습니다. 당시 독일 정치인과 시민들은 "동독이 사회주의권에서는 가장 앞선 나라이고 뭐니 뭐니해도 동독도 똑똑한 독일 사람이 살았던 나라인데 그래도 뭔가 있겠지." 그렇게 기대했다고 합니다. 그런데 막상 열어 보니 아무것도 없었습니다. 아무것도 없었다면 차라리 좋았을 텐데 어디서부터 손을 봐야 할지 도저히 답을 찾을 수 없을 정도로 망가져 있었다고 합니다. 통일 추진과 관련하여 독일 정부의 최대 실수는 동독을 과대평가했다는 것입니다. 동독이 남긴 모든 골치 아픈 문제를 독일어로 Altlast(옛 짐)로 불렀

언제나 내 마음 안에 있는 독일

습니다.

나는 통일 다음 해인 1991년 8월 주함부르크총영사관에서 첫 재외공관 근무를 시작했습니다. 통일 후 동독 재건과 국민통합이 가장 중요한 이슈로 떠오른 시대였습니다. 내 눈으로 구동독지역의 현실을 직접 보기 위해 1992년 구동독지역을 여행했습니다. 처참했습니다. 구서독과는 비교 자체가 되지 않았습니다. 구서독은 참기름이 잘잘 흐르는 모습이었으나 구동독은 녹슬어 버린 처참한 모습이었습니다. "이렇구나. 이렇게 차이가 나는구나. 시간이 멈춰 버렸네. 이걸 어떻게 번영의 땅으로 만들 수 있을까. 독일 정부도 미쳐 버리겠네. 천문학적인 돈을 어떻게 마련하여 버려진 땅에 생명의 기운을 불어넣을까. 답답하다. 답답해. 답이 나오지 않겠는데." 나의 탄식이었습니다.

망가진 사회 인프라는 돈을 쏟아부어 일으키면 되겠지만 재앙 수준에 도달한 환경문제가 가장 뜨거운 감자였습니다. 1968년 동독 헌법은 자연과 환경보호를 국가와 사회의 의무로 규정하고 1972년에는 세계 최초로 환경보호부를 만들었습니다. 일견 동독의 환경정책은 진보된 것으로 보였으나 그러한 제도는 환경파괴를 가리기 위한 속임수 커튼에 불과했습니다. 동독 지도부에게는 우선 시급한 경제발전이 훨씬 우선이었습니다. 환경보호는 그저 배부른 소리였습니다. 동독은 외화와 원자재 부족으로 국내에서 갈탄을 채굴하여 에너지를 생산했습니다. 그 결과 동독의 드레스덴, 라이프치히 등 대도시와 산업지대의 공기오염은 유럽에서 최악이었습니다. 1980년대 동독의 환경오염은 거의 재앙 수준이었습니다. 산성비로 숲은 파괴되어 있었고 수은과 납 등 중금속으로 하천은 심하게 오염

되었습니다. 공장이 있는 지역은 지하 100m까지 오염되어 있었습니다.

체크에서 발원하여 드레스덴을 지나 구동독을 통과하여 함부르크를 지나 북해로 들어가는 엘베강은 1천 km가 넘는 국제하천이며 독일에서 두 번째로 큰 강입니다. 이 아름다운 국제하천이 구동독 시절에는 매년 수은과 납, 아연, 구리 등 중금속으로 유럽에서 가장 더럽고 가장 오염된 강으로 오명을 뒤집어쓰고 있었습니다. 함부르크에 본사를 두고 있는 유명한 독일 시사주간지 〈Der Spiegel〉을 비롯한 독일 언론들은 이런 엘베강을 "giftige Suppe(독 스프)", "Giftbrühe(독이 들어 있는 죽)"이라고 불렀습니다. 함부르크가 엘베강의 도시이기 때문에, 당시 함부르크 언론과 함부르크 시민들에게 엘베강의 오염 문제와 해결책은 가장 중요한 사안이었습니다. 함부르크에 근무하는 동안 엘베강 오염 문제에 대해 귀가 아플 정도로 자주 들었습니다.

통일된 바로 그해, 독일 정부는 EU와 당시 체코슬로바키와 협력하여 엘베강 복원을 위한 국제위원회를 설립하였습니다. 통일되자마자 발 빠르게 움직이지 않으면 안 될 정도로 강의 오염이 심각했던 것입니다. 지금까지 엘베강을 따라 250여 개의 하수처리장이 설치되는 등 엘베강을 살리기 위한 노력이 계속되고 있습니다. 그 결과 수은 등 중금속 감소가 90% 정도로 현저히 줄어들었습니다. 이제 엘베강의 물은 구서독의 강물처럼 깨끗하고 사라진 물고기가 돌아오고 자연이 꽃을 피우는 생명의 강이 되었습니다. 농부들이 강물을 이용하고 사람들이 걱정 없이 수영할 수 있게 되었습니다. 헬무트 콜 총리가 노래했던 floriernde Landschaft(번영하는 풍광)으로.

언제나 내 마음 안에 있는 독일

(Bastei)

13.
Franken의 도시들, 그리고 그들의 이야기

10월의 독일은 화려합니다. 여름내 무성했던 초록은 이제 화려한 가을 옷으로 갈아입었습니다. 황금의 가을입니다. 어느새 10월이 지나가고 11월이 찾아듭니다. 황금의 가을이 아직 잔영으로 남아 있습니다. 그러나 하루가 다르게 그 잔영은 희미해 가고 회색 안에 회색으로 우울해지고 있습니다. 그러나 회색의 11월은 겨울 동화가 시작되는 낭만의 시간이기도 합니다.

독일은 Weihnachtsmarkt(크리스마스 시장)로 유명한 나라입니다. 크리스마스 시장은 독일이 전 세계에 자랑할 수 있는 대단한 문화자산입니다. 아기 예수의 탄생을 기다리는 4주의 Advent(강림절) 시기는 독일 사람들에게 가장 성스럽고 축복된 시간입니다. 독일 사람들은 전나무잎과 솔방울 등으로 동그란 Adventskranz(강림절 화관)을 만들고 거기에 양초 (주로 빨간색 양초) 4개를 올려놓습니다. 첫 번째 강림절 주말에는 양초 1개에, 두 번째 강림절 주말에는 2개, 크리스마스를 앞둔 마지막 강림절 주말에는 양초 4개에 모두 불을 밝힙니다. 강림절 화관은 가정에서나 사무실에서나 어디에서든지 불을 밝히고 있습니다. 아기 예수의 탄생을 기다리는 성스럽고 축복된 시간입니다. 어린 자녀를 둔 독일 부모들은 4주의 Adventskalender(강림절 달력)를 만들어 그 주머니 안에 과자 등 작은 선물을 넣어 둡니다. 아이들은 강림절 달력에서 하루에 하나씩 선물을 꺼내들며 다가올 크리스마스를 행복하게 기다립니다.

강림절 기간 중 사람 마음을 가장 들뜨게 하는 것은 의문의 여지 없이 독일의 독특한 전통이며 문화인 크리스마스 시장이라고 할 수 있습니다. 크리스마스 시장은 보통 첫 번째 강림절 주말부터 크리스마스 하루 전날까지 약 4주간 문을 엽니다. 크리스마스 시장은 보통 시청청사 앞 광장 등 도시의 주요 위치에 들어섭니다. 예쁘고 아기자기하게 꾸며진 시장은 낭만적인 크리스마스 분위기를 마음껏 발산합니다. 각종 크리스마스 장식부터 시작해서 다양한 먹거리까지 크리스마스 시장에 들어서면 눈, 코, 입과 마음이 행복해집니다. 크리스마스 시장은 독일 구석구석에서 다양한 모습으로 겨울 동화의 낭만을 쏟아내고 있습니다.

Freistaat Bayern(바이에른 자유국)에서 두 번째로 큰 도시인 Nürnberg(뉘른베르크)는 독일에서 가장 크고 화려한 크리스마스 시장이 열리는 도시로 명성이 자자합니다. 뉘른베르크 크리스마스 시장은 Christkindlmarkt로 불립니다. Christkind는 하얀 드레스를 입고 금발 머리에 황금 왕관을 쓰고 어린이에게 크리스마스 선물을 선사하는 상상 속의 소녀 요정입니다. 뉘른베르크 크리스마스 시장은 매년 Christkind로 선발된 젊은 아가씨에 의해 강림절이 시작되는 주말 하루 전인 금요일에 개장됩니다.

Franken(프랑켄)의 메트로폴리스로 불리는 뉘른베르크는 붉은 도시를 내려다보고 있는 언덕 위의 Kaiserburg(황제성)를 랜드마크로 가지고 있는 그림 같이 아름다운 도시입니다. 뉘른베르크는 2017년에 세계에서 19

번째로 아름다운 도시로 선정되기도 했습니다. 이탈리아 수상도시 베네치아가 20위, 체크의 수도 프라하가 32위, 뮌헨이 35위였습니다. 이만하면 뉘른베르크가 어떤 도시인지 상상이 되고도 남을 것입니다. 크리스마스 시장과 함께 Nürnberger Bratwürste(뉘른베르크 소시지) 또한 아주 유명합니다. 보통의 소시지와 달리 손가락 길이 정도에 불과한 작은 소시지입니다. 감옥살이하고 있는 가족에게 소시지를 사식으로 넣어주고 싶었으나 감시가 심해 어떻게 해 볼 수 없었는데 우연히 감옥 문의 열쇠 구멍을 발견하고 그 열쇠 구멍 크기의 작은 소시지를 만들어 감옥에 있는 가족에게 몰래 넣어주었다고 합니다. 그렇게 하여 소시지가 탄생하게 되었습니다.

뉘른베르크의 자부심인 천재 화가 Dürer(뒤러)가 살았던 그의 집은 박물관으로 변신하여 뉘른베르크를 찾는 관광객을 기다리고 있습니다. 뉘른베르크는 장난감 박물관이 있는 도시로도 유명합니다. 매년 장난감 박람회가 개최되어 70여 국가에서 2천 개 가까운 업체가 참여하고 있습니다.

뉘른베르크 근교 북쪽 지역을 여행하다 나는 우연히 눈 앞에 펼쳐진 마늘밭을 보게 되었습니다. 내 눈을 의심했습니다. "뭐, 독일 농가에서 마늘을 키우고 있다고? 독일 사람들이 마늘을 싫어하고 음식 재료로 마늘을 거의 사용하지 않고 있는데 마늘을 재배하고 있다고?" 그렇게 혼자 중얼거렸습니다. 마늘에 대한 수요가 크지 않아 외국으로부터 수입할 것으로 생각했는데 내 눈앞에 싱싱하게 펼쳐진 마늘밭 풍광을 보고 깜짝 놀랐습니다. 나의 남해안 고향 마을에서도 마늘재배를 많이 하고 있어 마늘에 대해 나름 잘 알고 있었는데 우리 고향 마을보다 더 실하게 보였습니다.

마늘뿐만 아니라 다른 채소도 많이 재배하고 있는 곳이었습니다. 나중에 확인해 보니 그 지역 이름이 정말로 Knoblauchsland(마늘 땅)으로 표기되고 있었습니다. 그러나 마늘 땅이라는 이름을 달고 있는 뉘른베르크의 채소 재배 지역에서 갈수록 마늘재배가 줄어들고 있다고 합니다. 이런 추세로 가면 나중엔 붕어빵에 붕어가 없듯이 마늘 땅에 마늘이 없을 것 같아 걱정됩니다. 독일의 경우 마른 마늘을 꼬아 집에 걸어 놓기도 합니다. 마늘이 잡귀를 물리쳐 준다는 미신도 있고, 마늘 꾸러미는 생각보다 멋진 장식이 되기도 합니다. 독일 사람들도 마늘에 대한 기호가 좀 달라져서 건조된 분말 마늘 가루를 양념으로 사용하는 가정이 늘어나고 있습니다. 그러나 뉘른베르크 근교 마늘 땅의 마늘재배는 왜 반대로 줄어들고 있는지 모르겠습니다.

볼거리 많고 먹을거리 많은 중세도시이지만 뉘른베르크는 독일 역사에서 어두운 페이지를 가지고 있습니다. 1935년 9월 뉘른베르크에서 개최된 나치당 전당대회에서 "뉘른베르크 법"이 만장일치로 통과되어 나치의 유대인 학살을 위한 법적 근거가 마련되었습니다. 뉘른베르크는 나치당 전당대회가 개최된 도시로 나치당 선전의 중심에 있었습니다. 나치가 시작된 뉘른베르크에서 나치에게 종말을 고한다는 취지에서 전범재판이 뉘른베르크에서 열렸습니다. 뉘른베르크 전범재판은 1945년 11월에 시작되어 다음 해 10월까지 계속되었습니다. 괴링, 헤스, 슈페어, 리벤트로프 등 나치 고위 지도자가 재판에 회부 되었습니다. 평화의 파괴, 전쟁 범죄, 인도에 대한 범죄를 기준으로 피고인들을 단죄했습니다. 12명이 사형선고를 받아 처형되었고 괴링은 처형 직전에 자살했습니다. 8명이 장기형을 받았고 3명은 무죄판결을 받았습니다. 뉘른베르크 재판에 대한 법적

언제나 내 마음 안에 있는 독일

문제점도 제기되었지만 전쟁 범죄를 넘어 인도에 대한 범죄까지 단죄함으로써 진일보한 모습을 보여 주었습니다.

독일 공영 TV 방송은 Holocaust(홀로코스트) 생존자들로부터 광범위하게 육성 증언을 녹화하여 생존자들의 증언을 자주 방송하고 있습니다. 독일 공영 방송사는 "히틀러 때 이랬다고 하더라, 저랬다고 하더라."라는 "하더라"로는 후세들에게 나치의 잔학함을 제대로 교육시킬 수 없고 교육 효과도 낮다고 판단하여 증거력 확보를 위해 Holocaust 생존자들로부터 광범위한 증언을 확보하였습니다. 생존자들은 실명으로 전후 세대에게 히틀러 나치의 극악무도한 반인륜적 범죄행위를 생생하게 설명하고 고발하였습니다. 독일 청소년들은 주로 단체여행으로 나치 집단수용소를 찾아 직접 눈으로 비극의 역사를 체험하고 있습니다.

독일은 히틀러 나치와 같은 인류사에 두 번 다시 있어서는 안 될 반인륜적 범죄 집단의 부활을 막기 위해 독일 전 시민들을 상대로 눈물겨운 역사교육과 민주교육을 시행하고 있습니다. 17년 넘게 독일에 근무하면서 독일 정부와 시민단체들의 진정성을 직접 생생하게 체험할 수 있었습니다. 독일의 중고등학교 역사교육은 1차세계대전 이후부터 현대사를 주로 다루고 있습니다. 현대사 교육이 역사교육의 4/5를 차지하고 있으며 그 역사교육은 바로 민주정치 교육과 연계되어 있습니다. 역사교육은 현대 역사 중에서도 나치에 대한 교육과 지금의 독일연방공화국 역사에 집중되어 있습니다. 독일 청소년은 살아 있는 독일연방공화국의 현대역사를 배우면서 민주시민으로서 소양을 함께 키워 나가고 있습니다.

2024. 6. 9. 실시된 유럽의회 선거에서 AfD(독일대안당)가 독일 내에서 제2당으로 부상하여 우려의 목소리가 높아지고 있습니다. AfD는 독일 전역에서 골고루 지지세를 높여 나가고 있습니다. 특히 약 25% 정도의 지지율을 보이는 구동독 지역에서의 위세는 충격적이라고 할 수 있습니다. 구동독 지역에서 대부분 원내 제2당으로 주의회에 진출하였습니다. 최근 2024. 9. 1. 실시된 구동독 지역의 튀링엔주와 작센주 주의회 선거에서 AfD는 각각 32.8%와 30.6%를 득표하여 원내 제1당과 제2당이 되었습니다. 독일 정치인과 시민들은 AfD의 부상에 충격을 받고 있습니다.

AfD의 위험한 국수적인 정강 정책과 극우단체와의 연계 등을 경고하는 깨어 있는 민주시민들의 대규모 AfD 반대 시위가 금년 봄에 독일 전역에서 들불처럼 개최되었으나 AfD의 부상과 팽창을 저지하기에는 역부족인 것 같습니다. 독일 정치 지도자들은 히틀러와 같은 악마의 탄생을 막기 위해 효과적인 정치 시스템을 구축하는 한편 시민들의 민주 역량 강화를 위해 전력을 기울여 왔습니다. 그렇게 많은 시간과 돈을 투자하여 역사교육과 정치교육을 시행해 왔지만, 극우세력의 준동을 지켜보면서 쉬운 일이 아님을 느끼게 됩니다. 그러나 독일의 역사교육과 정치교육을 결코 폄하해서는 안 된다고 생각합니다. 그렇게 노력하지 않았다면 극우파의 준동이 더 거세지지 않았을까 생각합니다. 아무리 훌륭한 정치 시스템도 깨어 있는 시민의 민주 의식을 뛰어넘을 수 없습니다. 독일 정치인과 시민들은 극우세력이 준동할수록 타협과 공존, 상호존중이 멀어져 갈수록 역사교육과 정치교육이 더욱 강화되어야 한다고 생각하며 역사책과 정치교육책을 다시 한번 힘주어 움켜잡을 것입니다.

Bamberg(밤베르크)는 약 2,400여 채의 목조가옥과 수도원, 밤베르크 대성당, 시청 건물 등 역사적인 건물로 1983년에 유네스코 세계문화유산으로 지정되었습니다. 19세기 어부들이 살았던 강변 마을인 "작은 베네치아"는 도시의 낭만을 더해 주고 있습니다. 밤베르크가 우리나라 관광객에게 알려지기 시작하여 Regnitz(레그니츠)강의 중세도시를 찾고 있는 한국 관광객이 늘어나고 있습니다.

Bayreuth(바이로이트)는 19세기 독일 작곡가 Wagner(바그너)와 깊은 관계가 있는 도시입니다. 바그너의 노력으로 지어진 Festspielhaus(바이로이트 축제홀)에서 매년 바그너 페스티벌이 개최되고 있습니다. 매년 여름 바그너 오페라가 축제홀에서 개최되고 있으나 워낙 인기가 높아 입장권 예약이 하늘의 별 따기만큼 어렵습니다. 독일 대통령, 총리, 장관 등 주요 인사가 모두 음악 페스티벌에 함께하기 위해 바이로이트를 찾습니다. 축제홀은 바이로이트 페스티벌에만 사용되고 바그너 작품만 공연되는 장소입니다. 오직 바그너만을 위한 공간입니다.

바이로이트는 나치 이념의 중심지가 되기도 했습니다. 히틀러가 바그너 음악을 좋아했기 때문에 바이로이트를 자주 찾아 축제홀에서 바그너 오페라를 관람했습니다. 히틀러가 앉았던 바로 그 자리에 독일 대통령과 총리가 앉을 가능성도 있다고 생각하면 괜히 좀 기분이 이상해집니다. 히틀러가 바그너 음악을 좋아했다고 해서 바그너 음악에 거부감을 가지고 있는 독일 사람도 꽤 있다고 합니다. 그러나 히틀러의 일방적인 짝사랑이었습니다.

Coburg(코부르크)는 뉘른베르크, 바이로이트처럼 나치와 관련이 깊은 도시입니다. 코부르크는 1929년 지방선거에서 나치당이 절대다수를 얻은 최초의 독일 도시였으며 1932년 히틀러를 명예시민으로 추대한 최초의 독일 도시였습니다. 그러나 코부르크는 과거 Sachsen-Coburg-Gotha(작센-코부르크-고타) 공국의 수도로서 명성을 가지고 있습니다. 공국의 Albert(알버트) 왕자가 영국 Victoria(빅토리아) 여왕과 결혼했습니다. 작센-코부르크-코타 공국은 Deutcher Bund(독일 연방) 내에서 영국, 벨기에 등 유럽 왕실과 결혼을 많이 했던 아주 잘나가는 뼈대 있는 귀족 가문이었습니다. 알버트 왕자가 빅토리아 여왕과 결혼함으로써 지금의 영국 왕실 가문이 탄생하게 되었습니다. 빅토리아 여왕은 63년 재위 기간에 남편의 본가인 코부르크를 6번이나 방문했습니다.

영국 왕실에 독일 혈통이 들어온 것은 18세기 초반 조지 1세가 하노버 왕가를 열었을 때입니다. 빅토리아 여왕이 하노버 왕가 후손이고 그녀의 남편인 알버트 공이 작센-코부르크-고타 공국 출신이기 때문에 현재 윈저 왕가의 영국 왕실은 완전 독일 혈통입니다. 영국은 스튜어트 왕조에 이어 하노버 왕조, 작센-코부르크-고타 왕조, 윈저 왕조로 이어지고 있습니다.

1917년 어느 날 작센-코부르크-고타 왕조의 조지 5세가 런던 궁전에서 긴급 어전회의를 소집하였습니다.

"짐의 4촌인 독일제국의 빌헬름 2세가 1차세계대전을 일으켜 유럽을 쑥대밭으로 만들어 버리는 바람에 독일에 대한 백성들의 공포와 혐오감이 극에 달해 있소. 독일 혈통인 우리 왕조에 대해서도 백성들의 불만이 하루가 다르게 높아지고 있다는데 이 어려운 작금의 사태를 어떻게 돌파해야 할지 답을 찾을 수 없소. 밤잠을 설치며 고민해도 무슨 뾰족한 방법을 찾을 수 없으니 이 황당함을 어떻게 말로 다 설명할 수 있겠소. 어떻게 해야 백성의 마음을 돌릴 수 있겠소? 경들에게 이 난국을 돌파할 수 있는 좋은 묘책이 없소?"

"불충한 신 엎드려 아뢰옵니다. 다른 포장지를 사용하면 같은 물건이라도 달리 보이는 것이 세상 이치이옵니다. 황송하옵니다만 선물 포장지를 이제 바꿀 때가 되었다고 감히 아뢰옵니다."

"선물 포장지를 바꿔? 그것이 무슨 말인고? 빙빙 돌리지 말고 짐이 알아듣게 이야기해보라."

"황송하옵니다만 포장지를 달리하듯 왕조 이름을 살짝 바꾸면 어떨까 싶사옵니다."

"뭐, 왕조 이름을 바꾼다고?"

"주상 전하, 죽여 주시옵소서, 저의 불충을 헤아려 주시옵소서"

"아니야, 경의 말에도 일리가 있어. 어디 계속해보라"

"불충한 신. 종묘사직을 지키기 위해 죽음을 각오하고 아뢰옵나이다. 지금의 작센-코부르크-고타 왕조는 100% 독일 이름이오니 독일 냄새가 나지 않도록 영국식 이름으로 바꿔 부르면 좋을 것 같다고 죽음을 무릅쓰고 감히 아뢰옵나이다. 저의 불충을 용서하소서"

"아니야, 아니야. 오랜만에 경이 똑똑한 소리를 다 하는구나. 세상 오래 살 일이로다. 어전회의에 있으나 마나 한 존재였던 경의 머리에서 어떻게 이렇게 기가 막힌 아이디어가 나올 수 있단 말이오. 그럼 새 왕조 이름을 무엇으로 하면 좋겠소?"

"왕실 거주지 중에서 Windsor(윈저)라는 이름이 있으니 그 이름을 쓰면 좋을 것 같사옵니다. 통촉하여 주시옵소서"

"윈저왕조, 윈저왕조라. 그것 마음에 들도다. 독일 냄새가 흔적도 없이 사라지고 새로운 기운이 도는 멋진 이름이로다. 여봐라, 당장 작센-코부르크-작센 왕조의 작위를 모두 폐지하고 윈저왕조 작위로 대체하라."

"성은이 망극하옵니다. 성은이 하해와 같사옵니다"

그렇게 해서 작센-코부르크-고타 왕조가 막을 내리고 지금의 윈저왕조가 출범하게 되었습니다. 그러나 이름만 윈저왕조로 변경되었을 뿐 지금의 영국 왕실은 작센-코부르크-고타 공국의 명백한 후손입니다.

언제나 내 마음 안에 있는 독일

14.
중세 고성은 도도히 흘러가는
라인강의 흐름을 바라보는데

프랑크푸르트를 방문하는 대표단을 위해 가끔 문화탐방 차원으로 라인 강의 Lorely(로렐라이) 언덕을 안내했습니다. 로렐라이 언덕에 오르면 아름다운 중세 고성 Burg Katz(카츠성)가 손에 잡힐 듯 다가옵니다. Katz(카츠) 백작 가문의 성이었는데 지금은 부유한 일본 사람이 소유하고 있습니다. 우리나라에서 발간되고 있는 여행 책자에는 "고양이 성"으로 소개되어 있습니다. Katze가 독일어로 고양이인데 Katz를 Katze로 생각하고 그렇게 소개하고 있는 것 같습니다. 분명 잘못된 여행 정보입니다. 그러나 "고양이 성"이 틀린 명칭이라는 것을 잘 알고 있으면서도 그것을 버리지 않고 적절하게 활용하고 있는 데서 나의 순발력과 허풍을 감지하고도 남을 것입니다.

내 마음에 별로 들지 않는 대표단에게는 그저 점잖고 조용한 목소리로 "저 앞에 보이는 낭만적인 중세 고성은 백작 가문의 이름을 따서 카츠성이라고 합니다." 그것으로 끝입니다. 그러나 내 마음에 드는 대표단에게는 나의 본격적인 허풍의 소용돌이가 몰아치기 시작합니다. 나의 "고양이 성" 소개는 두 가지 버전이 있습니다. 하나는 성주가 고양이를 좋아해서 "고양이 성"이라고 불리게 되었다는 버전이 있고 성 주위에 들고양이가 많아 "고양이 성"으로 불리게 되었다는 또 다른 버전이 있습니다. 하여 튼 두 버전 모두 나의 기분에 따라, 나의 혀의 움직임에 따라 고양이 수가 10마리에서 20마리까지 춤을 춥니다. 지구상에 없을 것 같은 고양이 종도 내 입에서 속사포처럼 튀어나옵니다.

Bingen(빙엔)에서 Bonn(본)까지 약 130km의 Mittelrhein(라인강 중부 지역)은 독일이 자랑하는 가장 중요한 문화경관 중의 하나입니다. 라인강 중부 지역은 유럽의 심장부에 위치하여 때로는 국경으로, 때로는 문화의 다리로 역사의 흐름과 함께하고 있습니다. 라인강 경사면의 포도밭, 끝없이 이어지는 수많은 중세 고성, 강변을 따라 이어지는 예쁜 작은 도시들. 아름다운 자연과 사람이 만들어 놓은 기념물이 환상적인 조화를 보여 주고 있는 곳이 바로 라인강 중부 지역입니다. 풍부한 문화재와 아름다운 자연 덕분에 라인강 중류 지역은 19세기부터 유럽 사람들이 즐겨 찾는 관광지이며 Rheinromantik(라인강 낭만주의)의 전형으로 자리 잡았습니다. 유네스코는 2002년 라인강 중부 지역을 세계문화유산으로 지정하였습니다.

분열된 독일 역사의 결과로 라인강 중부 지역은 전 세계에서 중세 고성의 밀집도가 가장 높은 곳입니다. 40개가 넘는 중세 고성이 저마다 다른 모습으로 자태를 보여 주고 있습니다. 라인강 중부계곡의 성들은 대부분 12-14세기에 지어졌습니다. 당시 성을 건축하는 것이 왕과 귀족들의 특권이었기 때문에 경쟁적으로 앞다투어 귀족 가문들이 성을 쌓아 올렸습니다. 그러나 독일을 쑥대밭으로 만든 30년 전쟁으로 다수의 고성이 파괴되고 말았습니다. 그러나 라인 낭만주의가 부흥하면서 19세기에 다수의 성이 재건되었습니다. 40개 이상의 중세의 고성중에서 원형이 그대로 보존되고 있는 Marksburg(막스부르르크성), 강 중앙의 바위섬에 자리 잡은 Pfalzgrafenstein(팔츠크라펜슈타인성), 라인강의 낭만주의를 대표하는 Stolzenfels(스톨첸펠스성) 등이 유명합니다. 폐허가 된 상태로 남아 있는 Rheinfels(라인펠스성)는 압도적인 규모를 자랑합니다. 대부분의 중세 고성은 호텔 또는 유스호스텔로 이용되고 있습니다. 레스토랑, 카페로 이용되고 있는 고성도 많습니다. 고성이 폐허 되지 않고 생존하기 위해서는 사람의 호흡과 체온이 필요하기 때문입니다. 로렐라이 언덕에 서면 바로 눈앞에 보이는 멋진 성이 있습니다. 이 고성의 이름이 바로 Burg Katz(카츠성)입니다. 1989년에 일본 부자가 430만 마르크에 매입하여 소유하고 있습니다. 개인 소유이기 때문에 성을 구경할 수 없습니다.

라인강 위로 중세 고성이 끝없이 이어지고 경사면 언덕의 포도밭에는 포도가 탐스럽게 익어 가고 있습니다. 아래 동네 라인강 변에 자리 잡은 아기자기하고 예쁜 마을은 낭만의 기운을 품어내고 있습니다. 강변 카페에 앉아 향기로운 커피와 함께 유유히 흘러가는 라인강을 바라보며, 오고 가는 유람선과 화물 바지선을 바라보고 있으면 누구라도 라인강 낭만주의의 주인공이 되고도 남을 것입니다.

Mainz(마인츠)와 Koblenz(코블렌츠) 사이의 라인강에는 다리가 없어 페리로만 라인강을 건너갈 수 있습니다. 다리가 없어 생활에 불편한 것이 사실입니다. 주 정부는 불편을 해소하기 위해 St. Goar(상트 고와)와 St.Goarshausen(상트 고와스하우젠)을 연결하는 다리 건설을 계획하고 있습니다만 계획된 다리가 세계유산 지위에 적합한지 유네스코와 협의해야 할 상황입니다.

언제나 내 마음 안에 있는 독일

2011년에 Bundesgartenschau(연방정원박람회)가 코블렌츠 건너편 라인강 변에 자리 잡은 프로이센 왕국이 건설했던 Ehrenbreitstein(에어렌브라이트슈타인 요새)에서 개최되었습니다. 코블렌츠에서 요새로 방문객을 올려보내야 해서 라인강을 가로지르는 케이블카를 설치하게 되었습니다. 유네스코는 세계문화유산 지위 유지에 문제가 있다고 생각하고 반대하였으나 어쩔 수 없는 상황임을 고려하여 3년 후 철거한다는 조건으로 수용했습니다. 그러나 유네스코는 문화유산 보호도 중요하지만 많은 돈이 들어간 케이블카를 3년 만에 철거하는 것이 너무 아깝다고 생각했는지 2026년까지 연장 운행을 승인했습니다. 2026년 전에 우리 여행객이 코블렌츠를 관광하면서 케이블카를 타고 라인강을 건너 요새까지 가는 잊지 못할 추억을 만들었으면 좋겠습니다.

1949년 독일연방공화국 수립을 앞두고 본과 프랑크푸르트가 수도 후보지로 거론되었습니다. 프랑크푸르트가 경제, 금융 및 교통의 중심지이기 때문에 라인강의 작은 전원도시에 비해 훨씬 유리할 것으로 생각되었으나 막상 의회 위원회 선거 결과 33대 29, 4표의 근소한 차이로 본이 수도로 결정되었습니다. 프랑크푸르트가 수도로서 좋은 입지이기는 하지만 미국 군정청이 자리 잡고 있어 수도로서 적절하지 않을 뿐만 아니라 프랑크푸르트 같은 대도시가 수도가 되면 향후 통일이 되었을 때 베를린으로 천도가 어려울 수 있다는 Adenauer(아데나워) 초대 총리의 주장이 설득력이 있었던 것 같습니다. 그렇게 2천 년 역사의 Beethoven(베토벤) 고향인 라인강의 작은 도시가 새로 수립될 독일연방공화국(서독)의 수도로 결정되어 통일까지 Bonner Republik(본 공화국)의 정치 중심지가 되었습니다.

아데나워 초대 총리는 서독의 주권 회복을 위해 노구를 이끌고 불철주야 노력했습니다. 그는 친서방정책과 서독의 서유럽 통합에 외교정책의 기조를 두었습니다. 아데나워 초대 총리에 이어 2대 총리에 오른 Erhart(에어하르트)는 사회적 시장경제를 바탕으로 경제 기적을 달성하였습니다. 60년대 서독의 경제 기적 때 우리나라의 광산근로자와 간호사가 Gastarbeiter(손님 노동자)로 독일 땅을 밟았으며 그들이 독일 교포 1세대를 구성하고 있습니다. 우리나라 사람들은 60년대 독일의 경제 기적을 "라인강의 기적"이라고 하면서 거기에 빗대어 우리의 경제발전을 "한강의 기적"이라고 부르고 있습니다. "경제 기적"이라는 무미건조한 표현보다 "한강의 기적, 라인강의 기적"이라는 표현이 사람들의 마음을 움직이기 때문에 그런 표현을 쓴 것 같습니다만 독일에서 "라인강의 기적"이라는 말은 없습니다. 라인강의 기적은 우리가 만들어 낸 단어입니다. 독일에서는 오직 Wirtschaftswunder(경제 기적)라는 용어가 있을 뿐입니다. 독일 사람에게 Rheinswunder(라인강의 기적) 라고 말하면 "뭐라고요? 라인강에 기적이 일어났다고요? 홍해 바다처럼 라인강물이 갈라졌나요?" 두 눈을 크게 뜨고 물어볼 겁니다.

Ostpolitik(동방정책)으로 소련 및 사회주의 국가와 관계를 개선하고 동-서독 기본조약을 체결하여 동독과의 관계 개선을 통해 통일의 문을 열었던 Willy Brandt(빌리 브란트) 총리, 적군파 테러와 유럽의 어려운 안보 상황에서 석유파동의 위기 극복을 위해 노력했던 Helmut Schmidt(헬무트 슈미트) 총리, 강력한 추진력과 외교력으로 통일의 대업을 달성한 Helmut Kohl(헬무트 콜) 총리. 그들은 모두 시대정신에 부합하여 독일연방공화국을 한 발 앞장서서 이끌었던 훌륭한 지도자였습니다.

언제나 내 마음 안에 있는 독일

1990년 독일은 분단을 극복하고 통일되었습니다. 통일 후 연방 수도가 베를린으로 이전되어 독일연방공화국은 Berliner Republik(베를린 공화국) 시대를 열었습니다. 본은 "연방수도"라는 타이틀을 잃었지만 "연방도시"라는 새로운 이름을 얻게 되었습니다. 본에는 6개의 연방 부처가 남아 있으며 다수의 하부 연방기관이 상주하고 있습니다. 또한 유엔 기후변화 회의가 상시 개최되는 유엔 도시로 부상하고 있습니다. Deutsche Post(독일 우편 기업)와 Deutsche Telekom(독일 통신회사)의 본사가 있어 경제적으로도 활기찹니다. 베를린 천도 이후 비어 있는 본의 연방하원 건물 본회의장에 야생 토끼들이 여러 마리 출몰하여 "본의 몰락"을 우려하기도 하였으나 인구도 늘어나고 활기찬 도시로 더욱 발전하고 있습니다. 독일의 자랑인 균형발전의 저력이 대단함을 본의 사례에서 바로 알 수 있습니다.

라인강을 여행하다 보면 우리나라 강에서 볼 수 없는 모습을 보게 됩니다. 라인강 중류 지역이 세계적인 관광지이기 때문에 유람선이 꼬리를 물고 올라가고 내려갑니다. 그러나 유람선보다 더 많은 화물 바지선이 컨테이너를 가득 싣고, 기름과 석탄을 싣고 때로는 산업 쓰레기를 가득히 싣고 부지런하게 운행하고 있습니다. 상당히 교통이 복잡합니다. 운항하고 있는 화물 바지선을 관심 있게 살펴보면 보통 남녀 2명이 타고 있습니다. 부부 같습니다. 배 뒷머리에 자동차를 싣고 가는 화물선을 아주 쉽게 볼 수 있습니다. 가끔 강아지도 보입니다. 많은 시간이 소요되는 내륙수로 운항은 일이면서 동시에 가정생활입니다. 도착해서 하역하고 화물을 싣고 다시 출발할 때까지 며칠 걸릴 수 있으니 그때 사용하기 위해 자동차를 싣고 다니는 것 같습니다. 움직이는 곳이 곧 집이니 강아지, 고양이도 같이 다닐 수밖에 없습니다.

Binnenschiffahrt(내륙수로 운송)는 독일 물류에서 상당히 중요한 역할을 하고 있습니다. 매년 약 2억 5천만 톤의 화물이 독일 내륙수로를 통해 운송되고 있습니다. 독일의 최대 내륙항구는 Duisburg(두이스부르크)이며 약 3천 척의 화물 바지선이 운행되고 있습니다. 독일에는 7,300km에 달하는 내륙수로가 있으며 그중 강이 75%, 운하가 25% 비중을 차지하고 있습니다. 독일의 내륙수로 운송은 국제적입니다. 라인강이 북해와 만나는 네덜란드의 Rotterdam(로테르담)은 유럽 최대 컨테이너 항구입니다. 여기에서 하역된 컨테이너와 다른 화물을 싣고 독일 라인강을 지나 Rhein-Main-Donau Kanal(라인-마인-도나우 운하)를 통해 유럽 내륙으로 깊숙하게 화물을 운송합니다.

요즘 내륙 운송 선박은 발전되어 레이더, GPS 및 자동 조정장치 등을 장착하고 있고 내륙수로 교통법규를 지키며 안전하게 운항하고 있습니다. 내륙수로 운송은 적은 에너지 소비, 낮은 소음공해, 낮은 사고율, 정시 출발 및 도착, 저렴한 운송비용이 장점입니다. 내륙수로 선박 1척이 보통 90대 트럭의 화물을 대체할 수 있다고 합니다. 이산화탄소 배출량도 트럭의 1/5 정도에 불과하여 아주 환경친화적입니다. 그러나 운송비용이 저렴하지만 기차나 트럭에 비해 시간이 많이 소요되는 단점이 있습니다. 트럭은 통상 시속 60km 정도 되는데 화물 바지선은 시속 약 20km 정도에 불과합니다. 또한 도로는 어디에나 있지만 화물선은 선적 시설을 갖춘 항구에만 기항할 수 있는 제한이 있고 가뭄으로 물이 낮을 때 운항이 제한될 수도 있습니다. 실제로 2023년 극심한 가뭄으로 라인강의 수위가 1m도 되지 않게 급속도로 줄어들어 운행이 크게 제한되었습니다.

언제나 내 마음 안에 있는 독일

15.
Rheingau 포도는 탐스럽게 익었는데

"대주교님, Schloss Johannisberg(요하니스베르크성) 사자 문안 인사드리옵니다."

"그래 먼 길 오느라 수고 많았네. 올해도 작년과 마찬가지로 라인가우 포도 농사는 풍년이겠지?"

"열심히 땀 흘려 고생한 만큼 올해도 포도가 주렁주렁 탐스럽게 잘 익었습니다. 그러나 걱정입니다."

"포도 농사가 풍년이라는데 기뻐할 일이지 무슨 이유로 근심이 크다는 말인가?"

"황송하오나 대주교님 때문에 금년 포도 농사는 풍년임에도 불구하고 망칠 것 같습니다."

"나 때문에 포도 농사를 망쳐? 그 무슨 말도 안 되는 소리를 하고 있는가. 사자는."

"매년 이맘때면 대주교님으로부터 포도 수확을 허락받기 위해 사자가 라인가우에서 잘 익은 포도송이를 표본으로 들고 먼 길을 찾아온다는 사실을 잘 알고 계시지 않습니까. 다른 일 다 제쳐두고 사자를 맞이하여 포도 수확을 허락해야 할 대주교님이 사냥터에서 근 2주간이나 머물렀으니 참으로 무책임하다고 생각됩니다. 제가 이곳에 도착하기 하루 전날 대주교님은 이곳을 떠나고 계시지 않았습니다. 오늘 오실까 내일 오실까, 목

언제나 내 마음 안에 있는 독일

이 빠지게 기다렸는데 이제야 나타나시니 그동안 표본으로 가져왔던 탱탱하게 잘 익은 포도송이는 이렇게 썩고 줄어들고 시들어 버렸습니다. 라인가우의 모든 포도가 수확기를 놓쳐서 여기 표본으로 가져온 포도송이와 비슷하게 되었을 겁니다. 올해 포도 농사는 대주교님 때문에 망했습니다. 사냥을 잠깐만 하고 오시지 2주 동안이나 하고 있었다니 말이 되는 소리인지 저로서는 도저히 이해할 수 없습니다. 살아 있는 생명을 귀하게 여겨야지 어떻게 대주교답지 않게 죄 없는 동물을 그렇게 2주 동안이나 마구잡이로 죽인단 말입니까."

"사자 주제에 감히 대주교에게 훈계하다니 무엄하도다. 나 때문에 금년도 포도 농사를 망쳤다는 사자의 주장도 무척 괘씸하도다. 사자 주제에 대주교가 2주 동안 사냥한 것을 문제 삼다니 불쾌하도다. 나를 탓하지 말고 시대를 탓하시오. 과학이 발달하지 못해 전화도 팩스도 없고 핸드폰도 없는 이 암흑의 18세기를 탓할 일이지 감히 대주교의 신성한 오락을 탓하다니. 썩 물러가시오."

그렇게 사자는 라인가우 요하니스베르크성으로 돌아왔습니다.

올해 포도 농사를 망쳤다고 탄식만 하다가 포기할 수 없어 쭈그러든 포도송이를 수확해서 포도주를 담았습니다. 그러나 이게 어떻게 된 일입니까. 입안 가득 향기가 넘치는 Edle Tropfen(고급 포도주)가 탄생한 것입니다. 그렇게 요하니스베르크성에서 Spätlese Weißwein(늦수확 백포도주)이 탄생하게 되었습니다.

스위스에서 발원하여 독일과 프랑스를 가르며 북쪽을 향해 쉼 없이 흐르는 라인강은 Hessen(헤센주)의 주도인 Wiesbaden(비스바덴) 근처에서 서쪽으로 방향을 틉니다. 아마도 비스바덴 뒤에 동쪽에서 서쪽으로 펼쳐져 있는 Taunus(타우누스 산맥)이 방향을 바꾸게 한 것 같습니다. 비스바덴 서쪽 지역에서부터 라인강의 물줄기가 다시 북쪽으로 방향을 트는 Rüdesheim(뤼데스하임)까지 라인강 변의 완만한 경사면의 포도 생산지역이 바로 Rheingau(라인가우)입니다.

이 아름다운 땅에는 약 3,200헥타르 포도밭이 끝없이 펼쳐져 있습니다. 타우누스 산맥 아래에서 라인강의 흐름과 함께하는 라인가우의 포도밭 풍광은 말로 설명하기 어려울 정도로 환상적입니다. 프랑크푸르트에서 자동차로 1시간도 걸리지 않습니다. 프랑크푸르트를 방문하거나 머무는 사람에게 라인가우는 의심의 여지 없이 제일 먼저 찾아야 하는 관광지입니다. 약간 거짓말 보태서 이야기하면 프랑크푸르트 근무할 때 나는 가족과 함께 거의 주말마다 라인가우를 찾았습니다. 질리지 않습니다. 언제 봐도 좋습니다. 늦가을 포도밭이 황금색으로 물들어 갈 때는 정말 거짓말 아니라 만사 제쳐두고 주말마다 라인가우의 낭만을 즐겼습니다.

라인가우 포도밭에는 Rheingau Rieslingroute(라인가우 리슬링 루트) 하이킹 코스가 잘되어 있습니다. 완만한 포도밭을 따라 그림과 같은 마을을 지나가며 포도주 선술집에서 라인가우 리슬링 백포도주를 즐기며 마음의 평화를 얻을 수 있습니다. 뤼데스하임을 지나 라인강의 흐름이 서쪽에서 북쪽으로 바뀌는 곳의 포도밭은 높고 가파릅니다. 발아래 내려다보이는 라인강의 흐름과 건너편 언덕에 있는 중세 고성을 보며 걷는 하이킹은 라인가우에서 경험할 수 있는 최고의 선물입니다.

라인가우는 Rheingau Musik Festival이 개최되는 지역으로도 유명합니다. 매년 6월-9월간 개최되는 음악 축제는 유럽에서 가장 크고 유명합니다. 교향곡, 합창곡, 실내악, 독주회, 피아노 독주회 등 클래식 콘서트에 중점을 두고 있지만 재즈, 월드뮤직까지 아우르고 있어 명성이 대단합니다. 보통 170개가 넘는 콘서트가 개최됩니다.

라인가우에서 가장 주목받는 기념비 중의 하나는 1136년에 로마네스크와 초기 고딕양식으로 지어진 Kloster Eberbach(에버바하 수도원)입니다. 수도원의 포도원은 현재 헤센주의 소유이나 수도원에서 생산되는 포도주는 Kloster Eberbach 이름을 달고 있습니다. 수도원의 지하 포도주 창고인 Cabinetkeller와 전시된 포도 압착기 등이 수도원과 포도 재배의 깊은 연관성을 보여 주고 있습니다. 수도원은 또한 Umberto Eco(움베르토 에코)의 스릴러 고전인 〈장미의 이름으로〉 촬영장소로 유명합니다. 〈장미의 이름으로〉는 단 한 번에 수도원을 세계적으로 유명하게 만들었습니다. 영화감독이 촬영장소 물색을 위해 유럽 전역의 수도원을 이 잡듯이 찾아다녔는데 에버바하 수도원을 방문하고 "그래, 바로 이곳이야. 내가 그토록 찾았던 곳이." 하며 탄성을 질렀다고 합니다. 수도원에는 별도 건물에 수도원 선술집도 있고 호텔도 있어 그곳에서 음식을 먹거나 숙박하면 중세 수도원 분위기를 느낄 수 있습니다.

라인가우 Geisenheim(가이센하임) 마을 언덕에 웅장하게 자리하고 있는 18세기 초에 지어진 Schloss Johannisberg(요하니스성)은 Spätlese(늦은 포도 수확) 포도주의 탄생지입니다. 1775년에 최초로 Spätlese가 탄생하였습니다. 또한 이곳은 최고의 스파클링 와인 중의 하나인 Fürst von

Metternich(메테르니히 제후)가 생산되는 곳이기도 합니다. 요하니스베르크에는 라인가우 포도밭과 라인강을 조망할 수 있는 테라스 형태의 고급 레스토랑이 있어 방문객의 사랑을 받고 있습니다.

독일어로 곡식, 과일 등 농작물 수확은 Ernte입니다. 그러나 포도도 과일인데 포도 수확만큼은 Lese라고 합니다. spät는 형용사로 "늦은"입니다. spät+Lese가 합성되어 Spätlese(늦은 수확)이 됩니다. 1775년 이전에는 적기에 수확해서 담근 포도주만 있었습니다. 그 포도주를 Kabinett(카비네트)라고 합니다. Fulda(풀다)에 있는 대주교가 요하니스베르크성의 포도원을 소유하고 있었기 때문에 포도를 수확하기 위해서는 대주교의 허락을 맡아야 했습니다. 1775년에 포도 수확기가 되어 요하니스베르크성의 사자가 잘 익은 포도송이를 들고 200km가 넘는 길을 말을 타고 갔습니다. 그러나 사자가 도착하기 전에 대주교는 사냥을 위해 풀다를 떠나고 없었습니다. 2주가 지나고 나서 대주교가 사냥을 마치고 다시 돌아왔습니다. 그때서야 사자는 허락을 받고 다시 요하니스베르크성으로 돌아올 수 있었습니다. 그러나 그사이에 포도 수확의 적기가 지나가 버리고 나무에 매달려 있는 포도송이는 말라가고 있었습니다. 올해 포도 농사를 망쳤다며 탄식하다가 포기하자니 아까워 혹시나 하는 마음으로 시도했는데 생각과 달리 완숙미가 느껴지는 포도주가 탄생하게 되었습니다. 이것이 바로 Spätlese Weißwein(늦은 수확의 백포도주)입니다.

라인강을 따라 자동차로 달리다 보면 Rüdesheim(뤼데스하임) 포도밭 오른쪽 경사면에 있는 Abtei St. Hildegrad von Bingen(성 힐데크라트 폰 빙엔 수도원)이 눈에 잡힐 듯 크게 나타납니다. 40여 명의 수녀가 베네딕

언제나 내 마음 안에 있는 독일

트 수도원 규칙에 따라 하느님과 인간에 대한 사랑, 신앙의 부활을 믿으며 신앙공동체 생활을 하고 있습니다. 수녀들이 수도원에서 어떻게 살고 있는지, 수도원 생활이 오늘날 무엇을 의미하고 있는지 궁금해집니다. 포도밭 사이로 난 길을 따라 산 아래에 있는 수도원으로 자동차를 몰고 올라갑니다. 수도원에는 큰 규모의 수도원 상점이 있습니다. 수녀들이 직접 생산한 포도주, 각종 허브, 다과, 다양한 종교 서적, 민예품 등이 판매되고 있어 흥미롭습니다. 침묵과 묵상을 원하는 방문객을 위해 숙박도 제공되고 있습니다.

라인강 변에 있는 Eltville(엘트빌레)도 참 멋진 마을입니다. 포도밭과 함께 장미가 만발하는 "장미의 도시"로 "라인가우의 진주"라고 불리는 곳입니다.

Rüdesheim(뤼데스하임)은 특별히 설명할 필요도 없습니다. 워낙 유명한 관광지이기 때문입니다. Drosselgasse(참새골목)은 관광객으로 발 디딜 수 없을 정도입니다. 폭 2m, 길이 144m의 돌길로 된 골목길은 포도송이와 포도잎이 조각된 목조가옥의 앙상블이 환상적입니다. 여기에 라이브음악과 함께 수많은 레스토랑, 선물 및 기념품 가게, 카페가 강한 자기장이 되어 매년 약 3백만 명을 끌어들이고 있습니다. 참새 골목 외에도 뤼데스하임의 모든 거리가 낭만의 분위기를 억제하지 못하고 있습니다. 뤼데스하임에서 포도밭을 가로질러 Niederwalddenkmal(보불전쟁 승리 기념탑)까지 이어지는 케이블카를 타고 라인가우의 포도밭 풍광과 라인강의 흐름을 감상하는 것은 평생 잊을 수 없는 추억이 되고도 남을 것입니다.

낭만적인 포도밭 풍광과 함께 목가적인 분위기의 작은 도시들이 관광객의 눈 앞에 펼쳐지고 있지만 그것이 다는 아닙니다. Hidden Champion(히든 챔피언)이 어딘가에 숨어 있을 수 있습니다. 특정 부문에 특화된 높은 기술력을 바탕으로 세계 시장에서 점유율 1위를 기록하고 있는 "작지만 강한" 경쟁력 높은 중소기업이 라인가우 같은 전원 지역에서도 근육을 자랑하고 있습니다.

전 세계적으로 약 4,000여개의 히든 챔피언이 있으며 그중 약 1,600개의 히든 챔피언이 세계 시장을 주도하는 독일 기업입니다. 독일 수출의 약 25%가 히든 챔피언으로부터 나오고 있습니다. 독일 대기업의 평균 직원 변동율이 7.3%인 반면 히든 챔피언의 경우 2.7%에 불과하다고 합니다. 최고 경영진의 근속은 대기업이 6년인 반면 히든 챔피언은 20년입니다. 히든챔피언은 견습생 교육에도 대기업의 6% 보다 높은 9%를 투자하고 있습니다. 독일 대기업이 1천명 직원 기준 평균 연 6개의 특허를 출원하는 반면 히든 챔피언은 무려 32개의 특허를 출원한다고 합니다. 이와같이 독일의 히든 챔피언은 세계 시장에서 장기적이며 지속 가능한 경쟁력을 보여 주고 있습니다.

독일의 최대 산업 분야는 자동차, 전기.전자, 기계, 화학산업 등을 들 수 있으며 전체 산업에서 2차산업 비중은 2022년 기준 약 30%로 높은 수준입니다. 독일은 전통적으로 높은 생산성 및 탁월한 기술 수준을 바탕으로 제조업 분야에서 세계 최고 수준의 경쟁력을 보유하고 있습니다. 제조업 분야에서 중소기업의 활동은 대단합니다. 중소기업 중에서 특화된 높은 기술력을 가지고 있는 히든 챔피언의 명성은 두말할 필요도 없습니다. 독

언제나 내 마음 안에 있는 독일

일에는 약 320만 개의 중소기업들이 수공업, 제조업, 도소매, 관광 등 제반 분야에서 활동하고 있습니다. 중소기업은 전체 기업 수의 약 99%, 전체 고용시장의 56%, 전체 기업 매출의 43%를 차지하는 등 독일 경제의 중추적 기능을 수행하고 있습니다. 독일은 중소기업과 제조업이 정말 강한 나라입니다. 독일에서 일반적으로 연 5천만 유로 미만의 매출액과 250명 미만의 종사자를 보유한 기업이 중소기업으로 분류됩니다. 그런 탄탄한 중소기업이 라인가우와 같은 전원 지역에도 살아 숨 쉬고 있습니다.

(Ruedesheim)

언제나 내 마음 안에 있는 독일

16.
장미의 월요일에 Mainz 사육제 축제는
절정에 다다르고

11월 11일 11시 11분 11초. 광장에 모여든 사람들은 환호성을 지르며 흥분하고 있습니다. 그것은 Karneval(사육제 축제)이 공식적으로 시작되는 시간입니다.

Rheinhessen(라인헤센)의 포도밭 언덕은 끝을 모릅니다. 포도밭 길을 따라 자전거 페달을 부지런히 밟지만 가도 가도 끝이 없습니다. 오름과 내림을 반복하며 포도밭은 끝없이 펼쳐져 있습니다. 포도밭 언덕 아래 숨어 있는 작은 마을들이 동화 같은 낭만을 품어내고 있습니다. 라인헤센은 독일에서 가장 큰 포도밭 지역입니다. 포도밭은 지평선을 모릅니다. 라인헤센 포도밭은 라인강을 사이에 두고 Rheingau(라인가우) 포도밭 지역의 반대편인 라인강 서쪽 지역에 있는 광대한 지역입니다.

라인헤센의 중심도시는 유구한 역사를 자랑하는 Rheinland-Pfalz(라인란트-팔츠주)의 주도인 Mainz(마인츠)와 Worms(보름스)입니다.

라인강 변에 있는 보름스 대성당은 제국 성당중의 하나로 독일에서 가장 훌륭한 로마네스크 건축의 하나입니다. 보름스에서 제국의회가 100회 이상 열렸습니다. 그중 1521년에 열린 제국의회에서 황제는 "보름스 칙

언제나 내 마음 안에 있는 독일

령"을 채택하고 종교개혁가 마르틴 루터를 "악명높은 이단자"로 선언했습니다. 이후 마르틴 루터는 작센 선제후 보호 아래 Wartburg Schloss(바르트부르크성)로 피신하여 그곳에서 10개월 동안 머물면서 그리스어 신약성서를 독일어로 번역하였습니다. 유럽 유대인 생활의 중심지인 보름스에 있는 유대인 묘지, 교회는 2021년에 유네스코 세계문화유산으로 지정되었습니다. 중세 대서사시 Das Nibelungenlied(니벨룽엔의 노래)를 기념하는 니벨룽엔 박물관도 있습니다.

마인츠는 먼 옛날 로마제국의 영토였기에 숙영지 등 로마군의 흔적이 도시 곳곳에 남아 있습니다. 대주교구가 있는 마인츠에는 1천 년의 역사를 자랑하는 로마네스크 양식의 마인츠 대성당이 도시의 랜드마크로 라인강의 흐름을 지켜보고 있습니다. 마인츠는 인쇄술을 발견한 Gutenberg(구텐베르크)가 태어난 곳으로, 그의 위대한 발명을 보여 주는 박물관이 있습니다. 또한 ZDF(독일 제2 TV 방송)가 있는 곳이기도 합니다.

독일의 사육제 축제는 11월 11일 11시 11분 11초에 공식으로 시작됩니다. 그러나 실제로 축제 시작은 새해 1월 초순부터 시작됩니다. 쾰른, 본, 아헨, 뒤셀도르프 등 독일 서부 지역에서는 Karneval(카니발)이라고 하지만 마인츠를 포함한 독일 남서부 지역에서는 Fastnacht(파스트나흐트), 동남부 지역에서는 Fasching(파싱)이라고 합니다. 독일 북부 지역의 Braunschweig(브라운슈바이크) 카니발도 엄청 규모가 큰 유명한 행사입니다. 독일 남서부에서는 Schwarzwald(검은숲)에서 멀지 않는 Rottweil(로트바일)의 사육제 축제가 대단합니다. 다양한 가면과 가발, 화려한 의상을 입고 나오는 대규모 거리 축제는 Rosenmontag(장미

의 월요일)에 열립니다. 장미의 월요일은 전국적인 공식 공휴일은 아니
지만, 쾰른, 본, 아헨, 마인츠 등에서는 지역 공휴일로 하루 쉽니다. 이날
축제에 참여하는 차량 행렬에서 상상할 수 없는 사탕이 비 오듯 쏟아집
니다. 그렇게 추운 겨울을 달군 사육제 축제는 장미의 월요일 이틀 후인
Aschermittwoch(재의 수요일)에 막을 내립니다. 그러나 참회해야 하는
재의 수요일에 독일은 정치인 때문에 혼란스럽고 뜨거운 날이 됩니다.
그것이 바로 Politischer Aschermittwoch(정치인의 재의 수요일) 행사입
니다.

　연방하원에 진출한 모든 원내 정당들은 당원들이 참여하는 "정치인의
재의 수요일" 행사를 큰 규모로 개최합니다. 그 행사는 부분적으로 TV로
중계되기도 하고 저녁 시간에 가장 날카로운 것만 골라 방송되기도 합니
다. 각 당의 재의 수요일 행사는 위태위태합니다. red line을 넘는 공격도
속사포처럼 쏟아집니다. 그날 총리와 장관, 야당 주요 대표 정치인은 사
람도 아닙니다. "죽일 놈, 살릴 놈, 악마, 두더지, 겁쟁이, 배불뚝이, 돼지.
얼간이." 독일 정치인의 난장판 행사로 끝이 나지만 카타르시스를 남깁니
다. 국가 지도자와 정치인이 시민들에게 바치는 사육제 축제의 마지막 큰
선물입니다.

　"정치인의 재의 수요일" 행사와는 다른 성격이지만 독일에 또 다른 재
미있는 날이 있습니다. 독일에는 Muttertag(어머니날)만 있습니다. 독일
의 어머니 날은 5월 둘째 주 일요일입니다. 자녀들은 어머니날에 어머니
에게 꽃과 선물을 드립니다. 아버지는 그날 보이지 않는 존재입니다. 비
록 아버지날은 아니지만 그래도 아버지에게 엄마에게 드리는 꽃과 선물

의 절반이라도 주면서 "이것 받고 속 차리세요." 하면 좋을 텐데 융통성 없는 독일 자녀들은 아버지에게 아무것도 선물하지 않고 관심도 표시하지 않습니다.

자녀에게 버림받은 아버지들이 화가 났습니다. "아무리 그래도 그렇지. 아무리 어머니날이라고 아버지를 이렇게 없는 사람 취급하다니. 참으로 괘씸하고 슬프도다." 아버지들이 의기투합했습니다. 6월 공휴일인 Christi Himmelfahrt(예수 승천일)을 Vatertag(아버지의 날)로 정했습니다. 인정받지 못하는 비공식 아버지날입니다. 부인과 자녀들이 인정해 주지 않은 불쌍한 아버지들만의 날입니다.

"비공식 아버지날"은 동독 지역에서는 맥주와 다른 술을 수레에 가득 싣고 아버지들만 같이 하이킹을 떠나 술에 취해 망가져 버리는 날입니다. 다른 독일 지역에서는 자기 돈으로 맥주 한두 병 사 마시고 가족들과 조용하게 보냅니다. 자기 자신의 처지를 잘 알고 있는 이성적인 아버지들입니다.

어린 자녀를 둔 아버지는 특별하지 않게 가족과 함께 보내는데 자식이 독립해서 출가하고 없는 중년 이상의 독일 아버지들은 친구들과 함께 공원에 누워 쓴 맥주를 마시며 "자식 키워 봤자 다 소용없어. 아버지 날에 선물은 고사하고 전화 한 통도 없어." 그렇게 신세를 한탄하기도 합니다. 좀더 활동적이고 돈이 있는 아버지들은 집 근처 공원 잔디밭에 소형무대를 설치하고 춤과 노래와 함께 비공식 아버지날을 자축하기도 합니다. 자기 돈으로 몇 상자의 맥주와 소시지, 스테이크를 사서 그릴도 합니다. 자녀와 부인으로부터 인정받지 못하고 있는데 아무런 찬조도 기대할 수 없습니다. 우리 동네 공원에서 열린 비공식 아버지 날 행사에 참석했는데 무척 반가워했습니다. 아버지는 무조건 대환영이라며 맥주와 소시지를 나에게 권하기 바빴습니다. 한국은 어떠하냐고 해서 어버이날로 아버지도 똑같이 선물 받고 대접받는다고 했더니만 부러워했습니다. 그날 독일 아버지들은 "Kleine Kinder kleine Sorge, grosse Kinder grosse Sorge(작은 아이 작은 고민, 큰아이 큰 고민)" 독일의 유명한 속담을 꺼내며 먹고 마시며 그렇게 하루를 행복하게 보냈습니다. "사람 사는 것은 어딜 가든 다 똑같다."라는 것을 느낀 하루였습니다.

마인츠에는 ZDF(독일 제2 공영 TV 방송)가 소재하고 있습니다. ZDF는 공영방송 내부에서 경쟁을 통해 다양한 여론을 대변할 수 있도록 연방정부와 주 정부 합의로 설립되었습니다. 독일에서 방송사를 설립하는 입법은 연방정부가 아닌 주 정부 소관 사항입니다. 1984년에 최초로 민영 TV와 라디오 방송사가 인가되어 공영방송과 민영방송 이중 체계가 성립되었습니다. 통일 전 독일(서독)의 11개 주에서 NDR, WDR, SWR, BR, HR, RB 등 8개의 공영방송사가 설립 운영되고 있었는데 통일 후 구 동독지역의 5개 주를 위한 MDR 방송사와 해외홍보 공영방송인 Deutsche Welle(DW)가 추가되어 총 10개 공영방송사가 ARD(독일 제1 공영 TV 방송)를 구성하고 있습니다. 독일의 ARD 공영방송은 독일연방공화국의 연방주의처럼 방송에서 연방주의가 실현되고 있다고 생각하면 이해하기 쉽습니다. 10개 방송사를 독일의 16개 주로, ARD(제1 공영방송)를 독일연방공화국이라고 생각하면 이해하기 쉬울 것입니다. ARD는 ZDF(제2 공영방송)와 같은 방송사 건물도 없고 그냥 이름만 있을 뿐입니다. ARD라는 이름으로 10개 공영방송사가 자체 또는 협력하여 공동으로 제작한 프로그램이 방송될 뿐입니다.

  독일 공영방송은 오락과 교육프로그램도 방송하지만, 시청자에게 정
확하고 객관적인 정보를 전달하고 민주사회의 중요한 문제들이 공개 토
론될 수 있는 장을 마련하고 있습니다. 한편 이익 대변이 어려운 소외계
층에 대한 관심과 이해관계를 소개하는 것도 주요 목표로 하고 있습니다.
또한 의회, 행정, 사법부 등에 대한 공정한 비판자와 감시자 역할로 민주
질서를 수호하고 민주사회가 부정부패로 병들어 가지 않도록 하는 막중
한 임무를 수행하고 있습니다. 독일의 공영방송은 공정하고 수준 높은 프
로그램으로 독일 국민으로부터 높은 신뢰를 받고 있습니다.

17.
Gasthaus Holdermühle,
너는 어느 나라에 있느냐

독일 낭만 가도에 있는 Rothenburg(로텐부르크)는 중세 성곽도시로 독일이 자랑하는 세계적인 관광지입니다. 한국 사람들에게 로텐부르크는 반드시 방문해야 하는 관광 성지로 알려진 곳입니다. 로텐부르크를 관광하다 보면 타임머신을 타고 중세 시대로 돌아간 것 같은 착각이 듭니다. 그만큼 낭만적인 중세도시입니다. 여행객은 중세도시의 낭만에 매료되어 꿈같은 시간을 보내다가 다음 목적지를 향해 떠나갑니다. 그러나 일부 소수 독일 사람들은 널리 알려진 관광지 대신 색다른 경험을 하고 싶은 마음에 Creglingen(크레그링엔)이라는 약 5천 명의 주민이 사는 도시를 찾아갑니다.

크레그링엔은 로텐부르크에서 북서쪽으로 약 80km에 있는 조용한 도시입니다. 로텐부르크처럼 낭만 가득한 도시가 아닌 그저 평범하고 조용한 자그마한 전원도시입니다. 관광객을 끌어모을 만한 그런 매력적인 도시가 아닙니다. 대대로 마을 주민들이 이웃들과 정을 나누며 평화롭게 살아가는 전형적인 아담한 독일의 도시입니다. 그러나 어느 다른 곳에서도 찾아볼 수 없는 특별한 것이 이 조그만 도시에 있습니다. 주 국경선에 위치하는 Gasthaus Holdermühle(홀더뮐레 여관/식당)가 바로 그것입니다.

크레그링엔은 바덴-뷔르템베르크주에 속합니다. 그러나 크레그링엔 시내에서 다소 떨어진 변두리 전원지대에 있는 Gasthaus Holdermühle는 바덴-뷔르템베르크주와 바이에른주의 국경선이 지나가는 곳에 자리 잡고 있습니다. 주 국경선이 건물 옆을 지나가는 것이 아니라 건물의 정중앙을 통과하고 있습니다. 건물 앞 도로 바닥에는 노란색으로 국경선 표시가 되어 있으며 바덴-뷔르템베르크주와 바이에른주의 안내판이 나란히 설치되어 있습니다. 건물 중앙에 있는 입구에 들어서면 왼쪽에 바덴-뷔르템베르크주에 속하는 레스토랑이 있고 오른쪽에 바이에른주에 속하는 맥주 선술집이 있습니다. 주를 상징하는 문장이 나란히 부착되어 있어 이곳을 방문하는 사람은 이곳이 한 지붕 아래 2개의 주가 나란히 공존하고 있음을 실감하게 됩니다.

우리나라 사람들은 크레그링엔에 있는 Gasthaus를 두고 경기도와 충청남도 경계선에 있을 수 있는 어떤 상상 속의 건물을 떠올리며 다소 특이하지만 그럴 수도 있겠다며 가볍게 생각할 수 있을 것 같습니다. 그러나 우리나라와 같은 단일국가에서 지방자치단체 경계선과 독일과 같은 연방국가에서 주 국경선은 성격이 상당히 다르다는 것을 알게 되면 주 국경선이 한 건물의 정중앙을 통과하는 Gasthaus Holdermühle의 경우에 대해 상당히 흥미롭게 생각하게 될 것입니다.

단일국가인 우리나라는 효율적인 행정을 위해 전국을 도, 시, 군 등으로 나누어 지방자치를 시행하고 있지만 반대로 연방국가인 독일은 제한적인 국가의 성격과 기능을 갖는 Bundesland(연방주)들이 연합하여 더 큰 나라를 만든 것이기에 단일국가의 지방정부와 연방국가의 주 정부는 지위

언제나 내 마음 안에 있는 독일

와 성격에 있어서 상당한 차이가 있습니다. 독일 통일 전 독일연방공화국(서독)은 11개 연방 주로 출발하였습니다. 그러나 처음부터 11개 주가 아니었습니다. 10개 연방주로 시작했습니다. 프랑스와 국경을 접하고 있는 Saarland(자알란트)주는 주민투표를 통해 프랑스가 아닌 독일로 합류를 결정하고 1956년에야 뒤늦게 서독 정부와 협약을 체결하고 독일연방공화국(서독)의 11번째 연방주로 가입하였습니다. 통일 후 동독의 5개 연방주도 독일연방공화국과 협정을 맺고 연방주가 되었습니다. 독일연방공화국을 구성하는 16개 주는 독자적인 결정에 따라 연방의 구성원이 되는 것입니다. 그렇기에 우리나라의 지방자치단체와는 법적 성격이 상당히 다르다고 할 수 있습니다. 이것이 바로 연방제도입니다.

특히 독일의 경우 중세 신성로마제국시대에는 왕국, 공국, 자유시 등 300여 개의 독립된 나라로 분열되어 있었습니다. 이와 같은 역사적인 배경 때문에 지역마다 다른 고유한 문화를 갖게 되었으며 그 문화를 독자적으로 계승하고 발전시켜 오고 있습니다. 독일 연방정부는 "작은 나라가 모여 큰 나라를 만든 연방제도"를 결코 포기할 수 없는 가장 중요한 국시로 채택하고 있습니다. 독일 사람들은 연방제도가 오늘날의 번영을 가져왔다고 확신하고 있습니다.

독일의 16개 연방주는 각자 헌법과 3권분립 체계를 갖고 있으며 Landtag(주의회) 선거를 통해 정부를 구성하여 독립적으로 정부를 운영하고 있습니다. 외교, 국방권을 연방정부에 위임하였지만, 그 밖의 모든 분야에서 고도의 자치를 시행하고 있는 제한된 국가라고 할 수 있습니다. 단일국가인 우리나라의 지방자치제보다 훨씬 강한 위치에 있다고 할 수 있습니다. Ministerpräsident(주 총리), Minister(장관), Kabinett(내각) 등 이런 용어만 보더라도 국가성을 띠고 있는 연방주의 위상을 이해할 수 있을 것입니다.

특히 교육, 문화 분야는 주 정부의 고유권한에 속합니다. 이를 독일어로 Kulturhoheit(문화 고권)라고 합니다. 문화 고권은 문화 주권과 같은 뜻입니다. 다만 연방정부와 주 정부와의 관계이기 때문에 국가와 국가 사이에 사용되는 "주권"이라는 용어 대신 "고권"이라는 용어를 쓰고 있습니다. 독일의 16개 연방주는 "문화 고권"을 가지고 독자적으로 문화, 교육정책을 수립하고 시행합니다. 쉽게 말해 문화와 교육 분야에서는 독일에 16개 독립공화국이 있다고 생각하면 됩니다.

연방주의 "문화 고권"에 따라 독일은 주마다 교육제도가 다소 상이합니다. 인문계 고등학교 과정까지 12학년 제가 있는가 하면 13학년 제도 있습니다. 중등학교, 실업학교의 명칭도 다르기도 합니다. Abitur(아비투어, 대학입학자격시험)도 독일 전체 통일된 시험이 아니고 16개 연방주가 각자 별도로 시행합니다. 왜냐구요? 교육과 관련해서는 16개 연방주가 모두 독립된 나라이기 때문에 그렇습니다. 아비투어를 취득한 학생이 다른 연방주에 있는 대학에 입학하면 이 학생의 법적 지위는 엄격하게 따지면 "외국 유학생"이 될 수도 있습니다. 같은 독일이고 독일어가 모국어이기 때문에 다른 연방주에 있는 대학에 다니고 있다고 해서 자기 자신을 "외국 유학생"이라고 생각하는 독일 젊은이는 없을 것입니다. 그러나 엄밀히 따지면 외국 유학생이 될 수도 있다는 겁니다.

언제나 내 마음 안에 있는 독일

연방주의 주요 과제 중의 하나는 공립대학(주립대학)을 세우고 인재를 육성하는 것입니다. 독일은 거의 공립대학(주립대학)입니다. 도시의 규모와 관계없이 한 도시에 주립종합대학교는 1개뿐입니다. 독일의 종합대학은 대부분 유명 인사의 이름을 학교 이름으로 사용하고 있습니다. 프랑크푸르트 대학 공식 명칭은 Johann Wolfgang von Goethe Uni(요한 폰 볼프강 괴테 대학)이며 내가 공부했던 프라이부르크 대학 공식 명칭은 Albert-Ludwigs Uni(알버트-루드비히 대학)입니다. 그러나 한 도시에 종합대학교가 1개뿐이기 때문에 프랑크푸르트 대학, 프라이부르크 대학으로 편하게 부르는 것입니다. 한 도시에 복수의 여러 개 종합대학이 있다면 도시명으로 대학을 칭할 수 없을 것입니다. 독일의 모든 대학이 "문화고권"에 따라 주 정부에서 설립하고 운영하는 공립대학교이기 때문에 우리나라와 같은 "인 서울 대학", "지방대"라는 개념도 없고 차별도 없습니다. 수도권과 지방을 그렇게 필사적으로 구분하고 싶은 한국 사람들이 한국식으로 독일 대학을 어떻게 하든지 구분해 보려고 애를 쓴다면 나는 이렇게 답하겠습니다. "꼭 그렇게 구분해야 속이 시원하시겠다면 독일 대학은 모두 지방대라고 할 수 있겠습니다."

독일의 경찰은 주 정부의 지휘, 통제 아래에 있는 Landespolizei(주 경찰)입니다. 주마다 경찰 제복에도 차이가 있습니다. 함부르크주 경찰은 navy blue 색의 유니폼에 미국 뉴욕 경찰이 쓰고 있는 팔각모 스타일의 모자를 착용하고 있습니다. 개인적으로는 함부르크주 경찰의 유니폼이 제일 마음에 듭니다. 독일은 주 경찰이기 때문에 다른 주 경계를 넘어 다른 연방주에서 경찰권을 행사할 수 없습니다. 범인을 체포하기 위해서, 긴급 사안이라고 해서 다른 연방주에 들어가 경찰권을 행사할 수 없습니다. 물론 독일에도 연방정부 소속의 연방경찰(Bundespolizei)이 있습니다. 과거에는 Grenzschutzpolizei(국경수비경찰)라고 불렀습니다. "국경수비"라는 이름에서 추측할 수 있듯이 연방경찰의 임무는 독일 전역의 공항, 항만의 출입을 담당하는 경찰입니다. 치안유지를 담당하는 경찰이 아닙니다. 공공질서와 치안유지는 16개 개별 연방주의 고유권한입니다.

독일연방공화국의 수도인 베를린에 가면 15개 연방주의 Landesvertretung(주 대표부) 건물이 하늘 높이 주 국기를 걸고 위용을 자랑하고 있습니다. 과거에는 베를린주도 베를린에 주 대표부를 두고 있었으나 베를린주 청사가 있는데 그렇게 할 필요가 없어 폐쇄되었습니다. 그래서 현재는 베를린주를 제외한 15개 연방주 대표부가 베를린에 상주하고 있습니다. 베를린에 있는 다른 나라 대사관처럼 15개 연방주의 대표부 건물도 각 주의 특성을 살려 멋지게 위세를 자랑하고 있습니다. 연방주의 대표부 건물은 주의 문화와 상징을 최대한 멋지게 꾸며 놓았습니다. 주 대표부는 매년 개방행사를 통해 일반시민에게 공개하고 다양한 행사를 개최합니다. 각국 대사관이 국경일 리셉션을 개최하는 것처럼 주 대표부도 매년 주요 인사를 초청하여 대규모 리셉션을 개최하며 주의 존재와 위상을 마음껏 자랑하고 있습니다. 또한 주 대표부는 업무상 베를린 출장과 체류를 자주 해야 하는 주 총리, 주장관 등 주 정부 인사를 위한 숙박시설도 잘 갖추고 있어 호텔 역할도 겸하고 있습니다. 아까운 예산을 절약해야지 쓸데없이 비싼 호텔에 돈을 쓸 필요 없다는 독일 사람들의 실용 정신을 주 대표부 활용에서 느낄 수 있습니다.

독일 의회는 상하원 양원제입니다. Bundestag이 하원이고 Bundesrat가

언제나 내 마음 안에 있는 독일

상원입니다. 상원인 Bundesrat는 연방주의 이익을 대변합니다. 독일의 주요 법안은 상원의 동의를 받아야 하기에 상원은 결코 무시할 수 없는 위상과 힘을 갖고 있습니다. 독일은 상원의원 선거가 없습니다. 시민이 직접 뽑지 않습니다. 주의 크기(인구수)에 따라 최소 3명에서 최고 6명까지 상원의원 수(자리)가 다릅니다. 독일 상원의원은 직접 선출되지 않고 주총리, 주 장관 등 주 정부의 고위 관리가 상원의원 자격으로 토론하고 표결합니다. 독일에서 인구가 가장 많은 주는 상원 의석이 6자리입니다. 함부르크와 같은 작은 도시 주는 3자리 상원 의석을 갖고 있습니다. 상원의 법안 표결 시 각 연방주는 가부 하나에만 표결할 수 있습니다. 주 이익이 나누어질 수 없기 때문입니다. 예를 들면 6명의 상원의원 자리를 보유하고 있는 바이에른주는 표결 시 6표 모두 찬성하든지 반대하든지 해야 합니다. 4표 찬성하고 2표 반대하는 그런 투표는 불가합니다.

16개 연방주의 생활 수준을 비슷하게 유지하기 위해 소득이 높은 연방주가 소득이 낮은 연방주에 수평적으로 지원하고 연방정부가 수직적으로 지원하는 Finanzausgleich(재정조정)라는 제도도 운영되고 있습니다. 이 제도 덕분에 독일의 16개 연방주는 비슷한 생활 수준을 유지하고 있습니다.

독일은 연방제도를 처음부터 계획적으로 추진하였으며 계속 발전시켜 나가고 있습니다. 독일은 연방기관을 대부분 지방에 분산 배치하고 있습니다. 연방교통청은 덴마크 국경과 가까운 최북단 Flesnsburg(플렌스부르크)에 있으며 연방노동청은 독일 남부 Nürnberg(뉘른베르크)에 있습니다. 헌법재판소와 대법원 등 사법부는 독일 남부 Karlsruhe(칼스루에)에 소재하고 있습니다. 이렇듯 대부분 연방기관을 동서남북 골고루 분산 배치시켰습니다.

독일은 정당민주주의가 꽃피는 나라입니다. 우리나라와 같이 당 대표 선출 행사에만 전당대회를 개최하는 것이 아니라 정강 정책을 결정하고 시민들에게 알리기 위해 전당대회를 수시로 개최합니다. 각 정당의 전당대회는 베를린에서 거의 개최되지 않습니다. 중소도시에서 주로 개최됩니다. 독일은 인구 10만 정도 되는 도시는 거의 예외 없이 박람회, 국제회의장 시설을 갖추고 있습니다. 이런 도시에서 각 정당의 중앙전당대회가 개최됩니다. 독일 정치인은 전당대회 개최지 하나에도 중소도시의 발전 등 연방제도의 취지를 고려합니다.

독일은 시골 조그만 동네에 가도 젊은 사람이 있고 초등학교에 다니는 어린이를 쉽게 만날 수 있습니다. 자기가 사는 동네에 만족하며 살아가는 모습이 부럽습니다. 연방제도를 통해 균형 있는 발전으로 florierende Landschaft(번영하는 풍경)를 꿈꾸고 있는 독일 정치인과 시민의 밝은 모습이 부럽습니다.

독일연방공화국의 연방제도를 한 단어로 표현한다면 바로 "분산"이라고 할 수 있습니다. 독일 사람들은 분산 덕분에 비인간적인 경쟁사회가 아닌 조화로운 공동체 사회를 유지하고 있습니다. 이 모든 것이 연방제도 덕분입니다.

나는 독일에서 외교관으로 17.5년을 살았습니다. 사회적 시장경제와 사회민주주의가 부러웠고 깨어 있는 독일 시민의 관용과 연대를 위한 움

　언제나 내 마음 안에 있는 독일

직임도 부러웠지만 가장 부러웠던 것은 균형발전과 문화의 다양성이 보장되는 독일 번영의 견인차인 연방제도였습니다.

유럽의 중심에 있는 독일은 7개 나라와 국경을 접하고 있습니다. 이웃과 국경을 접하고 있지 않은 우리나라 사람들은 유럽을 여행하면서 국경을 통과할 때 국경이 대단하게, 눈에 띄게 표시되어 있을 것으로 생각할 겁니다. 그러나 아주 조그만 크기로 표시된 국경 표지를 보고 실망하게 될 겁니다. 독일에서 프랑스 국경을 넘어갈 때도 오스트리아로 건너갈 때도 조그만 국경 표시가 우리 앞에 나타납니다. 그러나 독일 아우토반을 주행하다 보면 주 국경선에 설치된 대형 연방주 표시판을 보게 됩니다. "여기서부터 Hessen(헤센)주입니다. 환영합니다." 표시판 크기 하나만 보면 주 국경선이 국가와 국가를 경계하는 국경선 같습니다. 나는 독일 아우토반을 달리면서 눈앞에 나타나는 대형 연방주 표시판 하나에서도 연방제도의 위상을 느꼈습니다.

낭만의 중세 성곽도시 로텐부르크를 찾는 우리 한국 관광객이 잠시 소중한 시간을 내어 크레그링엔에 있는 Gasthaus Holdermühle를 찾았으면 좋겠습니다. 바덴-뷔르템베르크주와 바이에른주가 한 지붕 아래 같이 공존하고 있는 그곳에서 식사도 하고 맥주 한 잔을 즐기며 독일의 자부심, 연방 시스템을 한번 생각해 보는 의미 있는 시간을 잠시 가져 보면 좋겠습니다.

18.
오! 우리의 슈파이어 황제 대성당

Bretzel(브레첼), 너는 왜 이렇게 매끈하게 생겼니. 짙은 갈색 피부에 하트 모양의 단아한 너의 자태가 다이아몬드처럼 반짝이는 소금 장식으로 더욱 눈부시구나. 독일을 떠났다고 내 어떻게 너를 쉽게 잊을 수 있겠니. 너에 대한 그리움을 서울 하늘 아래서 무심하게 날려 보낼 수 있겠니.

서울에도 독일 사람이 직접 운영하는 독일 빵 가게가 몇 곳 있습니다. 인터넷으로 독일 빵 가게를 찾고 있을 때면 나의 눈은 반짝이고 심장은 뜁니다. 그곳으로 당장 달려가 브레첼을 만나고 싶습니다. 그러나 브레첼은 나의 간절한 마음을 알고 있는 듯 먼 길 돌아가지 말라고 합니다. 우리 동네에 있는 우리나라 빵 가게에서 나를 기다리고 있습니다. 독일에서 즐겨 먹었던 브레첼을 서울에서도 즐길 수 있다니 큰 행복입니다.

우리나라 빵 가게에서 독일식 발효 빵이라며 팔고 있으나 독일에서 즐겼던 진짜 독일 빵과는 아직도 상당한 거리감이 있습니다. 그러나 우리나라 빵 가게에서 파는 브레첼은 모양과 식감에서 독일 브레첼과 거의 차이를 느낄 수 없습니다. 브레첼의 맛을 느끼다 보면 우리나라 사람들의 손재주가 새삼 대단하다는 생각을 하게 됩니다. 독일어에 Fingerspitzenge-fühl이라는 단어가 있습니다. 손가락 끝의 느낌이라는 뜻입니다. 우리나라 사람들의 뛰어난 손끝 감각 덕택에 독일이 아닌 서울에서 맛있는 브레첼을 손에 넣을 수 있으니 행복합니다.

Rheinland-Pfalz(라인란트-팔츠주)에 있는 Speyer(슈파이어)는 브레첼의 고향입니다. 매년 7월 둘째 주에 슈파이어는 축제 분위기에 휩싸입니다. 그 유명한 Bretzel Festival(브레첼 축제)가 6일 동안 열리기 때문입니다. 축제 기간 내내 매일 개최되는 거리 행진에서 막 구워낸 따뜻한 브레첼이 허공에 뿌려집니다. 가만히 서 있기만 해도 따끈따끈한 브레첼이 내 머리에, 내 가슴에, 내 얼굴에 쏟아집니다. 이 세상에서 가장 맛있는 브레첼이 우박이 되어 쏟아집니다.

브레첼을 영어로 Pretzel(프레첼)이라고 합니다. 누가 독일어 Bretzel의 첫 철자를 은근슬쩍 B에서 P로 바꿨을까요. 미국 사람이 그렇게 했다면 대국답지 않습니다. 영국 사람이 바꿨다면 아마도 배가 아파서, 샘이 나서 그렇게 했을 것 같습니다. 그렇게 B를 P로 변경해도 브레첼의 고향은 변함없이 독일 슈파이어입니다. Kindergarten(유치원), Arbeit(근로) 등 독일어 단어는 그대로 변화 없이 외래어로 영어에서 쓰이고 있는데 브레첼만 제일 앞에 있는 철자가 P로 바뀌어 버렸습니다.

브레첼의 고향으로 유명한 슈파이어는 5만여 명의 주민이 거주하고 있는 라인강 변의 도시입니다. 그러나 슈파이어는 빛나는 도시입니다. Unser Kaiserdom(우리의 황제 대성당)이 1천 년의 역사를 짊어지고 유유히 흘러가는 독일의 젖줄, 라인강의 흐름을 지켜보고 있기 때문입니다. 슈파이어 시민들은 unser(우리)라는 말을 황제 대성당 앞에 꼭 붙여 같이 부르

언제나 내 마음 안에 있는 독일

고 있습니다. 슈파이어를 지키고 있는 수호신과 같은 장엄한 대성당에 대한 경외심의 표현입니다.

슈파이어 대성당은 신성로마제국 잘리어 왕조의 콘라드 2세의 명령으로 1030년에 건축이 시작되어 1060년 하인리히 4세 때 완공되어 헌당 되었습니다. 신성로마제국 황제들이 안장된 성당이기 때문에 Kaiser-dom(황제의 대성당)으로 불리고 있습니다. 슈파이어 대성당은 건축학적으로, 문화사적으로 고귀한 가치를 인정받아 1981년 독일에서 3번째로 유네스코 세계문화유산으로 지정되었습니다. 대성당은 로마네스크 양식의 기념비적 건축물로 로마네스크 건축물 양식으로는 세계 최대 규모를 자랑하고 있습니다.

로마네스크 건축양식은 고딕양식에 앞서 11-12세기 유럽에서 발달한 기독교 건축양식으로 아치형의 석조 천장과 창문 없는 두꺼운 벽, 굵은 기둥이 특징입니다. 로마네스크 성당 건축양식은 고딕양식처럼 그렇게 화려하지 않습니다. 고딕양식의 화려한 스테인드글라스가 없고 성당 외부도 비교적 단순합니다. 단순 절제미와 웅장함이 조화를 이루고 있습니다. 로마네스크 건축양식의 꽃으로 평가받는 슈파이어 대성당은 위풍당당한 아치형 바실리카로 균형 잡힌 아름다움을 자랑하고 있습니다. 황제 대성당은 그 규모가 워낙 크다 보니 바라보는 장소에 따라 전혀 다른 모습으로 웅장하고 장엄하게 우리에게 다가옵니다. 슈파이어 대성당은 황제의 위엄과 힘을 보여 주고 있는 대표적인 건축물이라고 할 수 있습니다. 성당 곳곳에 황제의 동상이 있습니다. 신성로마제국의 7명의 황제와 3명의 황후가 잠들어 있는 Krypta(반원 아치의 지하 예배당과 묘당)는 우아하면서도 신비스러움을 자아내고 있습니다.

'아~ 내가 슈파이어 황제의 대성당 앞에 감히 서 있다니.'

슈파이어 황제의 대성당은 Helmut Kohl(1930-2017) 독일 총리와 밀접한 관계가 있습니다. 콜 총리는 슈파이어 인근 라인강 변의 도시 Ludwigshafen(루드빅스하펜)의 독실한 카톨릭 가정에서 태어났습니다. 콜 총리는 어린 시절 어머니의 손에 이끌려 주말마다 슈파이어 대성당을 찾았습니다. 콜 총리의 어머니는 어린 아들의 손을 잡고 "너의 인생에 어려움이 닥칠 때마다 대성당을 찾아 기도하고 묵상하렴." 그렇게 당부했다고 합니다. 콜 총리는 어머니의 말을 항상 기억하며 정치인으로 어려운 고비를 겪을 때마다 슈파이어 대성당을 찾아 기도하며 방향을 찾았습니다. 그렇게 콜 총리는 슈파이어 대성당을 수호신으로 가슴에 품고 살았다고 합니다.

1982년에서 1998년까지 무려 16년 동안 가장 오랫동안 독일연방공화국 총리를 역임한 콜 총리는 탁월한 국제정치 감각을 바탕으로 갑자기 찾아온 통일의 기회를 놓치지 않고 분단의 역사에 마침표를 찍어 "Kanzler der Einheit(통일 총리)"가 되었습니다. 영욕의 역사를 뒤에 두고 1998년 10월 총리직에서 물러났을 때 퇴임 총리를 위한 독일연방군이 거행하는 최고 수준의 의전행사인 Grosser Zapfenstreich(대분열행진)이 그의 희망에 따라 슈파이어 대성당 옆 광장에서 개최되었습니다. 어두운 밤 슈파이어 대성당은 조명을 받으며 화려하고 장엄한 모습을 드러냈습니다. 대성당은 역사의 뒤안길로 사라져 가는 콜 총리를 장엄한 모습으로 바라보고 있었습니다. 콜 총리는 기쁠 때나 슬플 때나 어려울 때나 커다란 버팀목이 되어 준 황제의 대성당 앞에서 흐르는 눈물을 삼켜야만 했습니다.

콜 총리는 루드빅스하펜 자택에서 2017년 6월 87세의 일기로 독일 국민 곁을 떠났습니다. 그의 장례식은 프랑스 스트라스부르에 있는 유럽연합 의사당에서 유럽연합장으로 거행되었고 이후 라인강을 따라 슈파이어 황제 대성당으로 옮겨져 장례식이 거행되었습니다. 콜 총리는 대성당에서 멀지 않은 곳에 있는 슈파이어 도심에 있는 Adenauer Park(초대 총리 아데나워의 이름을 딴 공원)에 안장되었습니다. Adenauer Park는 공원 묘지가 아닌 시민들이 즐겨 찾는 공원입니다. 아데나워 초대 독일 총리의 정치적 양자를 자처했고 아데나워 총리로부터 절대적인 신임을 받았기에 그의 이름이 담긴 공원에 묻히고 싶어 했습니다. 그래서 그는 그곳에 외롭게 묻혀 있습니다.

슈파이어 대성당은 대성당 입구 왼쪽 바닥에 독일연방공화국의 총리로 유럽통합과 독일 통일을 달성한 콜 총리의 업적을 기린 석판을 설치했으며 성당 옆에 그의 흉상을 세웠습니다. 콜 총리의 영혼은 슈파이어 대성당과 영원히 함께 할 것입니다.

19.
Junge Donau는 평화롭게 흘러가는데

나무숲에 에워싸인 신비스러운 호수, 소들이 평화롭게 풀을 뜯고 있는 부드러운 곡선의 초원, 낭만적인 Schwarzwald(검은숲)의 모습입니다. 수많은 별들이 검푸른 전나무 숲속을 비추는 깊은 밤 개울가의 물소리는 더욱 청아하게 들립니다. 그러나 그 맑은 물소리는 2,800km의 먼 여행을 떠나는 대자연의 목소리입니다.

유럽의 주요 강 중에서 유일하게 서에서 동으로 흐르면서 10개 나라를 지나 루마니아에서 거대한 델타(삼각주)를 만들며 흑해와 만나는 Donau(도나우강)은 독일 남부 검은숲에서 발원합니다.

검은숲의 Furtwangen(푸르트방엔) 마을 초원에서 시작되는 Breg(브레그) 실개천이 Donauquelle(도나우강 발원지)입니다. 초원 바닥에서 흘러나오는 샘물이 작은 실개천이 되어 Donaueschingen(도나우에슁엔)에서 Brigach(브리가흐) 개천을 만나 도나우강으로 이름표를 바꿔 달고 흘러갑니다. 샘물이 나오는 곳에는 도나우 발원지라는 안내판과 함께 유럽에서 두 번째로 긴 국제하천에 관한 정보가 상세하게 안내되어 있습니다.

도나우강의 생명이 시작되는 대자연의 경이로움을 직접 체험하기 위해 관광객의 발길이 끊이지 않습니다. 직접 현장을 찾아 흘러나오는 샘물을 보고 있으면 말로 설명하기 어려운 경이로움을 느끼게 됩니다. 결코 잊을 수 없는 특별한 인생 경험이 되고도 남습니다.

Junge Donau(도나우강 상류)는 생명의 모태인 검은숲에 작별을 고하고 자연 국립공원인 Schwäbisch Alb(슈베비쉬 알브) 지역을 흘러갑니다. 도나우강이라는 이름표를 달았지만 강이라고 하기에는 너무 몸집이 작아 부끄러울 뿐입니다. 이제 실개천에서 개천이 되었습니다. 석회암 봉우리들이 여기저기 솟아 있는 병풍과 같은 멋진 산과 푸른 초원을 벗 삼아 도나우강 상류는 S자 모양을 그리며 평화롭게 굽이굽이 흘러갑니다.

슈베비쉬 알브는 검은숲과 Bodensee(보덴호수) 사이에 있는 자연 국립공원입니다. 부드러운 곡선의 초원과 멋진 암벽의 산이 교차하는 구릉 산악지대입니다. 높이 솟은 석회암 바위가 위용을 자랑하는 계곡을 돌아가며 도나우강 상류는 평화롭게 흘러갑니다. 그러나 도나우강은 지루하게 혼자 가지 않습니다. 강변 하이킹, 자전거 하이킹, 카누 타기, 바위 타기 등 다양한 재미를 선물하며 사람과 함께 흘러갑니다.

슈베비쉬 알브는 자연을 사랑하는 사람들만 찾는 곳이 아닙니다. 역사와 문화를 자랑하는 곳이기도 합니다. Schloss Hohenzollern(호헨촐레른성), Schloss Sigmaringen(지그마링엔성), Kloster Beuron(보이론 수도원)이 우리를 기다리고 있습니다.

산 정상에 위풍당당하게 자리 잡은 호헨촐레른성은 호헨촐레른 가문의 본성입니다. 산 정상에 있는 성은 멀리서도 그 아름답고 웅장한 모습을 감상할 수 있습니다. 산 정상에 있는 성에 올라가면 환상적인 파노라마가 우리를 기다리고 있습니다. 호헨촐레른 가문의 본성답게 독일에서 가장 웅장하고 아름다운 성 중의 하나라고 할 수 있습니다.

도나우강 바위 암벽에 자리 잡은 지그마링엔성도 호헨촐레른 가문의 성입니다. 지그마링엔성은 강변 바위 언덕에서 멋진 자태를 자랑하며 도나우강의 흐름을 소리 없이 지켜보고 있습니다. 성 내부에는 약 3천여 개의 다양한 무기가 진열되어 관광객의 눈길을 사로잡습니다. 유럽에서 가장 규모가 큰 중세 무기의 집합소입니다. 호헨촐레른성은 855m 산 정상에서 위풍당당한 모습과 환상적인 전망을 자랑하는 반면 지그마링엔성은 도나우강 변 바위 언덕에서 그 멋진 모습을 보여 주고 있습니다.

Haus Hohenzollern(호헨촐레른 가문)은 브란덴부르크 변경백, 프로이센 국왕, 독일제국 황제, 호헨촐레른-지그마링엔 후작을 배출한 Schwaben(슈바벤)의 귀족 가문입니다. 호헨촐레른 왕가의 빌헬름 1세는 1871년 프로이센-프랑스 전쟁(보불전쟁)에서 승리하여 점령지인 프랑스 베르사유궁에서 황제대관식을 치르고 독일제국(2제국)을 선포하였습니다. 그러나 독일제국의 3대 황제이자 마지막 군주였던 빌헬름 2세는 독일제국의 힘을 믿고 젊은 혈기에 자만하여 쉽게 1차세계대전을 일으켰습니다. 1914년 7월 독일제국의 참전으로 1차세계대전이 발발했을 때 빌헬름 2세는 전장에 나가는 젊은 병사들이 낙엽이 떨어지기 전에 고향으로 돌아오게 될 것이라고 호언장담했으나 4년 동안 지속된 전쟁은 아까운 젊은이들이 파리 목숨보다 못하게 죽어 나간 최악의 비극으로 끝났습니다. 미증유의 세계 전쟁을 일으켜 인류에게 헤아릴 수 없는 고통을 안긴 독일제국은 베르사유 조약으로 감당할 수 없는 벼랑 끝에 몰렸습니다. 영토의 7분의 1이 할양되었고 약 1,300억 마르크라는 천문학적인 전쟁배상금이 부과되었습니다. 독일제국은 죽은 목숨이 되어 버렸습니다. 빌헬름 2세는 독일제국의 패전으로 강제 퇴위당하고 망명길에 올랐습니다. 독일제국의 황가였던 화려했던 호헨촐레른 가문은 그렇게 비극적으로 역사의 뒤안길로 사라졌습니다. 그러나 지금도 그 후손들은 성을 지키며 그 옛날 화려했던 황가의 명예를 그리워하고 있습니다.

높이 솟은 석회암 바위산들이 병풍처럼 펼쳐져 있고 그 앞으로 도나우 강 상류가 S자를 그리며 부드럽게 흘러가는 곳에 천년의 역사를 자랑하는 Kloster Beuron(보이론 수도원)이 자리 잡고 있습니다. 보이론 수도원은 오랜 역사와 함께 대단한 규모를 자랑하는 베네딕트 수도원입니다. 지금도 30여 명의 수도사가 생활하고 있는 살아 있는 수도원입니다.

그러나 수도원도 고민이 많다고 합니다. 최고령 수도사의 나이가 80이 넘었고 가장 나이 어린 수도사가 40세가 넘었다고 합니다. 시대의 흐름을 반영하듯 수도사가 되겠다는 사람이 갈수록 줄어들어 어려움을 겪고 있다고 합니다. 수도원 생활은 모두 수도사에 의해 자급자족되는데 수도사가 줄어들다 보니 목공일, 부엌일, 제빵 등 수도원 생활에 중요한 일을 맡아서 처리할 수도사가 없어 외부에 의존해야 할 상황이라고 합니다.

우리나라 사람들과 비교하면 독일 사람들은 종교활동을 거의 하지 않습니다. 카톨릭 성당이든 개신교 교회든 주말 예배에 참석하는 사람이 거의 없습니다. 교회와 성당은 앞의 몇 줄을 채우기도 버거운 실정입니다. 대부분 할머니, 할아버지 등 고령자뿐입니다. 교회와 성당 안에서 젊은 사람을 찾기 힘듭니다. 크리스마스와 부활절 대축일에도 교회와 성당에 빈자리가 있습니다. 독일 사람들은 "태어나서 유아세례 받고, 결혼할 때, 죽어서 장례식 할 때 평생 3번 교회 간다."라는 우스갯소리를 하곤 합니다. 카톨릭 신부를 지원하는 사람이 없어 인도 출신 신부들이 그 자리를 대신 채우는 실정입니다. 이런 상황인데 금욕과 절제, 노동을 통해 신앙 생활을 해야 하는 엄격한 수도원 생활을 지원하는 사람을 어떻게 기대할 수 있겠습니까.

수도원의 수도사 생활은 우리나라 불교 사찰의 스님 생활과 비슷한 것 같습니다. 수도원의 수도사의 하루는 새벽 4시 40분 단잠을 깨우는 종소리와 함께 시작됩니다. 5시부터 1시간 동안 수도사들은 다 함께 모여 아침 기도 시간을 갖습니다. 아침 7시 30분에 두 번째 기도 시간이 있습니다. 기도가 끝나면 각자 맡은 일(노동)을 합니다. 11시에 다시 모여 그레고리안 성가를 함께 부릅니다. 12시 30분에 점심 식사 후 오후 일을 수행합니다. 18시에 수도원 회랑에 모여 기도와 명상 걷기를 합니다. 저녁 식사 후 19시 55분에 수도원의 마지막 종이 울리면 수도사들은 각자 좁은 공간에 들어가 기도와 명상의 시간을 보냅니다. 수도사들은 노동을 통해 수도원 생활을 유지해 가면서 기도와 명상을 통해 하느님께 가까이 다가가는 신앙생활을 보내고 있습니다.

20.
시원한 호프 한 잔 주세요,
뭐라고요? 궁궐을 달라고요?

"오늘은 기다리고 기다리던 독일 맥주를 찾아 Bierreise(맥주여행)를 한 번 해 보려고 하는데요, 어떻습니까?"

"좋아요. 좋습니다. 우리 모두 목이 빠지게 기다렸어요."

"2차세계대전 전에는 독일에 약 3천 개의 맥주 양조장이 있었는데 전후에 통폐합되어 현재는 그 절반 정도 되는 약 1,500개의 맥주 회사가 있다고 합니다."

"뭐요? 1,500개나, 그렇게나 많아요. 역시 맥주의 나라 독일이군요. 엄청나네요."

"독일어에 Bierreise(맥주여행)이라는 단어가 있습니다. 이 동네 가서 이 맥주 맛보고 저 동네 가서 저 맥주 맛보고, 맥주에 취해, 달빛에 취해. 그리고 Bierbauch(맥주배)라는 단어도 있어요. 우리나라에서는 이것을 좀 듣기 거북하지만 소위 똥배라고 하지요. 독일에서는 이것을 맥주배라고 합니다. 맥주를 많이 마셔 배가 볼록하게 나왔다는 겁니다."

"하하 그렇군요. 재미있습니다."

"독일은 동서남북 어디를 가든 동네마다 자기들 맥주가 최고라고 합니다. 틀린 말은 아닌 것 같습니다. 그러나 여기저기 다 가 볼 수는 없고 오늘은 독일에서 맥주로 유명한 수도원 2곳을 찾아가 보려고 합니다. 그곳에서 독일 맥주의 진정한 진가를 발견하게 될 것입니다."

"당장 그 수도원을 향해 출발합시다."

"아이고 성급하시기는. 서울에서 큰돈 들여 여기 독일까지 왔는데 오늘 하루를 알차게 보내셔야지 맥주만 마시고 맥주에 취해버리면 되겠습니까. 수도원 가는 길에 좋은 곳이 많이 있으니 관광도 하면서 가지요. 독일어에 'Vorfreude ist eine grosse Freude'라는 표현이 있습니다. '기다리는 기쁨이 큰 기쁨이다'라는 뜻입니다. 기대하는 기쁨이 크다는 뜻입니다. 우리나라에서는 결코 맛볼 수 없는 기가 막힌 맥주를 마신다는 기쁨을 안고 여행하면 발걸음이 가볍지 않겠습니까. 성급하게 맥주부터 홀라당 마셔 버리면 기다리는 즐거움이 없어져 버리지 않겠습니까. 누가 한국 사람들 성미 급하다는 것 모릅니까. 그러나 여기가 독일이니 독일 사람들 반이라도 닮아 약간의 여유를 가져 주시면 좋겠습니다."

"좋습니다. 좋아요. 자 이제 설레는 마음으로 떠나 보지요."

Sigmaringen(지그마링엔)을 지나며 Junge Donau(도나우강 상류)는 이제 개천이 아닌 제법 강다운 모습을 보여 주며 흘러갑니다. 도나우강 상류는 이곳에서 또 다른 자연 국립공원 Altmühltal(알트뮐탈)을 만나게 됩니다. 물, 초원, 기괴하게 생긴 바위, 중세 고성, 낭만의 작은 마을들이 만들어 내는 분위기가 그림책을 보고 있는 것 같습니다. 도나우강과 만나는 알트뮐탈은 유속이 아주 느린 강으로 카누, 카약의 천국으로 불리는 곳이기도 합니다. 알트뮐탈을 여행하는 사람이라면 반드시 최소 한 번은 카누 또는 카약을 타야 합니다. 정말 환상적인 경험이 될 겁니다. 알트뮐탈을 따라 그림 같은 경치를 즐길 수 있는 하이킹 코스도 잘되어 있습니다. 거기에 추가하여 Main-Donau Kanal(마인-도나우 운하)에 접하고 있는 역사적인 낭만 도시 Berching(베르힝)도 꼭 한 번 방문할 가치가 넘치고도

언제나 내 마음 안에 있는 독일

넘치는 중세도시입니다.

알트뮐 끝자락에 다다르면 도나우강의 협곡지대인 Donaudurchbruch
이 나타납니다. 도나우강이 막히지 않고 뚫린 곳입니다. 수면에서 100m
가까이 수직으로 솟은 암벽이 연이어 이어지는 5.5km의 도나우 협곡지대
입니다. 도나우 협곡이 시작되기 전에 강변에 그 유명한 Kloster Welten-
burg(벨텐부르크 수도원)이 자리 잡고 있습니다. 벨텐부르크 수도원은
Kehlheim(켈하임)에서 유람선을 타고 접근할 수 있습니다. 유람선이 협
곡을 통과할 때 반대편에서 오는 유람선과 충돌을 회피하기 위해 계속 경
적을 울립니다. 그만큼 협곡이 대단합니다.

도나우강은 Regensburg(레겐스부르크)를 지나 국경도시 Passau(파싸
우)에서 오스트리아를 만나 독일과 작별을 고합니다. 레겐스부르크의 구
시가지는 대성당, 탑, 시청사, 도나우강 돌다리 등 옛것이 그대로 보존되
어 있어 중세 분위기를 그대로 간직하고 있습니다. 중세 때 도나우강 교역
으로 부자가 된 도시로 17세기 신성로마제국의 의회가 있는 도시이기도
합니다. 2차세계대전에도 구시가지가 파괴되지 않아 1천 개 이상의 기념
물을 가지고 있는 독일에서 보존이 가장 잘되어 있는 도시 중의 하나입니
다. 레겐스부르크 대성당은 바이에른주의 유일한 고딕 성당이며 도나우
강 돌다리는 1천 년이 넘는 역사를 가진 독일에서 가장 오래된 아치형 돌
다리입니다. 중세 건축양식의 백미라고 할 수 있습니다. Altes Rathaus(구
시청사)는 150년 동안 신성로마제국의 제국의회 의사당 건물로 사용되었
습니다. 레겐스부르크 구도시 반대편 도나우강 변에 있는 Sorat Hotel에서
조망하는 도나우 돌다리와 대성당 등 구시가지의 야경은 도저히 말로 설

명할 수 없을 정도로 황홀합니다. 그 야경을 보고 나면 잠을 잘 수가 없습니다. 꿈속에서도 계속 나타나는 환상적인 파노라마입니다.

도나우강 협곡지대에 있는 벨텐부르크 수도원은 1050년부터 맥주를 양조해 온 세계에서 가장 오래된 수도원 맥주로 유명한 곳입니다. 특히 흑맥주가 유명합니다. 수도원은 대규모 맥주정원을 운영하고 있어 생산되는 맥주는 대부분 수도원 내 맥주정원과 지역에서 소비됩니다. 그렇기에 독일 다른 지역에서는 맛보기 어려운 귀한 맥주입니다.

벨텐부르크 수도원 맥주와 함께 수도원 맥주의 쌍벽을 이루고 있는 곳은 뮌헨 남서쪽 근교의 Ammersee(암머호수) 동쪽 언덕에 자리하고 있는 화려한 바로크 양식의 베네딕트 수도원인 Kloster Andechs(안덱스 수도원)입니다. 수도원 문화를 체험하고 수도원에서 양조하는 맥주를 즐기기 위해 뮌헨에서 수많은 사람이 모여듭니다. 안덱스 수도원 맥주를 모르는 뮌헨 시민은 100% 간첩이라고 생각하면 됩니다. 수도원의 맥주정원에서 암머호수와 알프스 연봉을 바라보며 즐기는 수도원 맥주는 독일 맥주 문화의 끝판왕이라고 할 수 있습니다.

독일 맥주는 Reinheitsgebot(맥주 순수령)에 따라 만들어지고 있습니다. 맥주는 다른 첨가물 없이 오직 물, 맥아, 홉 3가지로만 양조 되어야 한다는 맥주 양조의 기준을 정한 법령으로 1516년 최초 Bayern(바이에른) 왕국에서 공포되어 시행되어 왔으며 1906년부터 독일 전역으로 확대 시행되고 있습니다. 따라서 독일 맥주는 양질의 물이 아주 중요한 역할을 하고 있습니다. "독일은 물이 좋지 않아 맥주가 발전되었고 그래서 독일 사람들은 맥주를 물처럼 마신다."라는 말이 우리나라에서 상당히 사실로 인정되고 있으나 완전히 잘못된 주장입니다. 독일은 하천수를 수돗물로 거의 사용하지 않습니다. 대부분 지하수를 수돗물로 사용하고 있습니다. 일부 지역에서 석회수가 포함된 물이 있으나 식수원으로 쓰고 있는 독일 지하수는 전반적으로 아주 양질입니다. 양조장은 최고로 좋은 지하수를 맥주 양조에 사용하고 있습니다. 물이 좋지 않아 맥주를 물 대신 마신다고 주장하면 독일 사람들 황당해하며 할 말을 찾지 못할 겁니다.

독일의 맥주 양조 방식은 크게 두 가지로 나눌 수 있습니다. 상면 발효와 하면 발효가 있습니다. 생맥주는 대표적인 하면 발효 방식이며 밀맥주는 상면 발효 방식으로 만들어지고 있습니다. 독일에서 생맥주를 Pils(필스) 또는 Pilsener(필제너)라고 합니다. 생맥주가 태어난 곳이 독일이 아닌 체크의 Pilsen이라는 도시이기 때문입니다. 밀맥주는 Weizenbier(Weizen : 밀 + Bier : 맥주)라고 합니다. 또한 Hefeweizen이라고도 하며 독일 남부 바이에른주에서는 Weißbier(흰맥주)라고도 부릅니다. 독일에서는 생맥주와 밀맥주 소비량이 거의 비슷합니다. Alkoholfreies Bier(무알콜 맥주)의 소비량도 꾸준하게 증가하고 있어 전체 맥주 소비량에서 10% 정도를 차지하고 있습니다.

Biergarten(맥주정원)은 독일이 자랑하는 시민 문화라고 할 수 있습니다. 보통 아름드리나무 아래 Bank(긴 나무 의자)에서 소시지 등 독일 전통적인 음식과 같이 맥주를 즐깁니다. 맥주 정원은 여름철 독일 시민들의 생명력 넘치는 사교의 현장입니다.

우리나라에서 1980, 1990년대에 도시의 골목길에 하룻밤 사이에 생맥주집이 우후죽순처럼 생겨났습니다. 머리가 잘 돌아가는 어떤 생맥주집 주인이 독일 뮌헨의 유명한 양조장 이름인 Hofbräu를 간판으로 내걸었습니다. 그 이후 a에 점이 2개 찍혀 뭔가 특이하게 보이기도 하고 독일이 맥주로 유명한 나라로 우리에게 알려져 Hofbräu라는 상호를 내건 맥주집이 여기저기에서 경쟁적으로 문을 열었습니다. 광화문 우리 외교부 청사 뒤에도 Hofbräu가 있었습니다. ä를 어떻게 발음해야 할지도 모르겠고 괜히 복잡한 것 같기도 하여 성미 급한 한국 사람들이 bräu를 떼어 내서 버려 버리고 앞의 Hof(호프)만 부르기 시작했습니다. 그렇게 해서 우리나라에서 맥주를 호프로 맥주집을 호프집으로 부르게 된 것으로 추측됩니다.

한국 사람들의 또 다른 순발력은 독일 승용차 Mercedes-Benz에서 쉽게 찾아볼 수 있습니다. 이번에는 Hofbräu와 반대로 앞의 단어를 떼어 멀리 쓰레기통에 던져버리고 뒤에 단어인 Benz만 열심히 사랑하고 있습니다. Benz는 쉽게 "벤츠"로 발음할 수 있는데 Mercedes(메르체데스)는 단어도 길고 발음도 어려울 것 같아 과감히 폐기 처분해 버린 것입니다. 독일 사람들도 단어 전체를 사용하지는 않습니다. 독일 사람은 "메르체데스"라고 합니다. 독일에 가서 "벤츠" 하면 대부분 사람은 무슨 소리 하고 있냐며 감을 잡지 못하는 표정을 짓습니다. 독일 승용차이니 우리도 독일 사람들이 부르는 방식으로 벤츠 승용차가 눈에 보이면 "어 메르체데스네, 멋진데." 이렇게 부르면 좀 있어 보일 것 같습니다.

우리가 호프라고 부르고 있는 독일어 단어 Hof는 크게 세 가지 뜻이 있습니다. 넓은 뜰(마당), 규모가 큰 집, 황제와 왕, 제후들이 거주하는 성(궁

언제나 내 마음 안에 있는 독일

궐)이라는 뜻입니다. Bräu는 Brauerei(양조장)의 바이에른 사투리입니다. Hofbräu(호프브로이)를 독일어 표준어로 한다면 Hofbrauerei(호프브라우어라이)가 됩니다. Hofbräu는 Hof(궁궐, 궁)과 Bräu(맥주양조장)의 합성어입니다. 바이에른 왕국과 전속계약을 맺고 왕궁에 맥주를 공급하는 양조장입니다. 그렇기에 "궁궐, 궁"을 의미하는 Hof라는 단어를 양조장 앞에 붙여 쓸 수 있고 왕관 문양을 상표로 사용할 수 있게 된 것입니다. 다른 양조장을 물리치고 왕실에 맥주를 공급하는 독점권을 가지게 되었으니 얼마나 자랑스럽겠습니까. 목에 힘을 단단히 주지 않았겠습니까. "더 이상 무슨 말이 필요한 거야. 우리 양조장의 맥주를 최고의 맥주로 바이에른 왕가가 인정하여 우리 맥주만 찾고 있는데. 뭐 당신이 만들고 있는 것이 맥주야. 구정물이지. 어디서 감히 겁 없이 우리에게 대들려고 해."

독일을 여행하면서 생맥주 한 잔이 그리우면 독일말로 "Bitte einmal Pils", 밀맥주를 마시고 싶으면 "Bitte einmal Weizenbier" 이렇게 주문해야 합니다. 우리식으로 "Bitte einmal Hof" 하면 독일 웨이터 두 눈을 부릅뜨고 "뭐라고요? 궁궐을 가져오라고요? 궁궐을 마셔 버리겠다고요?" 하며 아마도 뒤로 자빠져 순간 의식을 잃어버릴 수도 있습니다.

(Donau/Weltenburg)

언제나 내 마음 안에 있는 독일

21.
눈 덮인 알프스 연봉은
Bodensee 파란 물에 투영되고

나의 첫 재외공관 근무지였던 함부르크 우리 집 주소는 Bernad-ottestrasse(베르나도테 거리)였습니다. 전형적인 독일 중산층이 거주하는 예쁜 단독주택들이 1km가 넘는 베르나도테 거리를 따라 펼쳐져 있습니다. "촌놈이 독일에서 첫 근무하면서 이렇게 좋은 동네에서 살다니. 이게 꿈이야 생시야." 그렇게 나는 나의 거리를 거닐며 행복했습니다. "베르나도테. 어디에서 생겨난 이름일까? 왠지 귀부인 이름 같기도 하고 예쁜 아가씨 이름 같기도 한데. 분명 내 짐작이 맞을 것 같은데."

함부르크 우리 동네는 우리 집 주소와 같은 예쁜 이름도 있지만 웃어야 할지 울어야 할지 모를 황당한 거리 이름도 있습니다. 그것이 바로 Sch-weinerückenweg(돼지 등 길)과 Hinter dem Garten(정원 뒤에)라는 거리였습니다. 거리 이름이 "돼지 등"이라니 웃음이 절로 나왔습니다. "정원 뒤에"는 거리와 길을 뜻하는 Strasse나 Weg이라는 단어도 없습니다. 거기에 사는 사람은 물건 주문할 때 배송지로 "정원 뒤에"로 주소를 쓰면 "주소를 정확하게 써 주세요. 정원 뒤가 뭡니까. 이 도시에 정원이 어디 한두 개입니까. 수만 개의 정원이 있는데 주소를 "정원 뒤에"로 쓰면 어떻게 하자는 겁니까. 주소가 아니지 않습니까. 이렇게 쓰면 배달이 되지 않습니다." 그렇게 쓴소리를 들었을 것 같습니다. 함부르크 시내 우리 총영사관 근처에는 Rabenstrasse(까마귀 거리)가 있습니다. 독일에서 까마귀가 흉조는 아니기에 그런 거리 이름이 있을 수 있습니다. 그러나 "까마귀 거리" 하나로는 부족했던지 까마귀 거리에 이어서 Alte Rabenstrasse(구 까마귀 거리)와 Neue Rabenstrasse(신 까마귀 거리)가 나란히 있습니다.

이런 재미있고 우스운 거리 이름에 비하면 우리 집 거리 이름은 너무나 고결하고 멋지게 보였습니다. "베르나도테 거리, 베르나도테 거리." 요즘 같으면 핸드폰으로 간단하게 인터넷을 검색하면 바로 궁금증이 해소되겠지만 33년 전 1991년에는 독일 이웃에게 물어볼 수밖에 없었습니다.

"베르나도테, 참 멋진 이름 같은데 혹시 어디서 유래된 것인지 아세요?"

"스웨덴 귀족 가문의 이름으로 알고 있어요."

"아~ 그래요. 어쩐지 이름이 좀 귀티 나게 들렸는데 역시 그렇군요."

"스웨덴 베르나도테 백작 가문이 독일 남단의 Bodensee(보덴호수)에 있는 Blumeninsel Mainau(마이나우 꽃섬) 주인입니다."

"아~ 그렇군요. 그동안 거리 이름이 궁금했는데 이렇게 알려 주시니 감사합니다."

"보덴호수와 마이나우 꽃섬 정말 아름답습니다. 독일 사람들이 아주 좋아하는 관광지이며 휴양지예요. 마이나우 꽃섬은 특히 봄에 기가 막히게 환상적이니 겨울 지나고 봄이 오면 꼭 가 보세요."

"아이고 감사합니다. 내년 봄에 무조건 가겠습니다."

Bodensee(보덴호수)는 독일, 스위스, 오스트리아 3국이 공유하고 있는 호수입니다. 독일 최남단으로 알프스와 가까운 곳에 있는 독일에서 가장 아름다운 여행지 중의 하나입니다. 호수 변의 길이가 약 200km에 달하는 바다와 같이 큰 호수입니다. 독일의 젖줄인 라인강이 호수 동쪽에서 유입되어 서쪽으로 흘러나갑니다. 보덴호수는 신석기시대에 호수 주거지(말뚝 수상 주거지)가 있었던 지역입니다. 그 선사주거지는 유네스코 세계문화유산으로 지정되어 있습니다. 호수를 따라 언덕에 펼쳐진 비옥한 경사지는 과일 재배와 포도 생산지로 유명합니다. 알프스 아름다운 풍경이 온화한 기후와 함께하는 보덴호수는 유럽 사람들이 좋아하는 인기 있는 리조트 지역입니다. 260km에 달하는 Bodenseerundweg(보덴제호수 자전거 둘레길)은 자전거 하이킹의 천국입니다. 아름다운 보덴호수를 따라 중세 분위기의 작은 도시들이 낭만을 쏟아내고 있습니다.

Lindau(린다우)는 보덴호수 지역에 있는 행정구역입니다. 관광객들이 떠올리는 린다우는 행정구역 전체 면적의 2%에 불과한 호수에 있는 작은 섬을 지칭하는 것입니다. 지역 사람들은 호수에 있는 린다우를 그냥 Insel(섬)로 부릅니다. 린다우는 보덴호수의 그림과 같은 위치에 자리 잡고 있어 관광객과 휴가객으로 넘쳐 납니다. 등대와 바이에른 사자상이 있는 유람선 항구가 아주 인상적입니다. 역사적인 시청 건물과 함께 관광상품을 파는 상점과 레스토랑, 카페가 즐비한 Maximilianstraße(막시밀리안 거리)도 아주 볼만한 멋진 거리입니다. 이 조그만 섬에 기차역이 있어 관광객을 태운 기차가 분주하게 드나들고 있습니다. 호수의 도시는 멋진 공원과 정원의 도시로도 유명합니다. 아름다운 호수와 온화한 기후를 찾아 휴양하고 있는 사람들에게 공원과 정원은 없어서는 안 될 소중한 부분입니다. 오래된 나무와 역사적인 산책로로 유명한 섬 밖의 Lindenhof(린덴호프) 공원과 이국적인 나무와 화려한 화단으로 유명한 섬 안에 있는 Stadtgarten(시 정원)은 호수 도시에 화려함을 더해 줍니다.

언제나 내 마음 안에 있는 독일

Meersburg(메어스부르크)는 "바다 위의 성"이라는 뜻입니다. 보덴호수 변 가파른 언덕에 자리 잡은 구도시와 거기에서 바다와 같이 넓은 호수를 내려다보고 있는 성의 모습을 보고 있으면 "바다 위의 성"이라는 도시 이름이 이름값을 하고 있다고 생각하게 됩니다. 가파른 언덕에 있는 메어스부르크는 목조가옥과 고성으로 그림과 같은 낭만을 발산하고 있는 Oberstadt(상부도시)와 레스토랑과 카페가 밀집된 호수 변 산책로가 있는 Unterstadt(하부도시)로 구분됩니다. 상부도시에서 보덴호수를 내려다보고 있는 Alte Schloss(옛성)는 독일에서 가장 오래된 성 중의 하나로 독일의 유명 서정시인 중의 한 명인 Annette Drostette-Hülshoff(아네테 드로스테-휠스호프)가 8년 동안 살다가 생을 마감한 곳이기도 합니다. 이 매력 넘치는 도시는 포도원으로도 유명합니다. 독일의 Rose 포도주 Weissherbst가 이 지역의 특산품입니다. 보덴호수 지역의 도시 중에서 내가 가장 사랑하는 도시입니다.

Blumeninsel Mainau(마이나우 꽃섬)은 말 그대로 꽃으로 덮인 섬입니다. 마이나우 꽃섬은 워낙 유명하여 유럽 각지에서 관광객이 몰려들고 있습니다. 식물학자인 스웨덴 귀족 가문 Lennart Bernadotte(레나르트 베르나도테) 백작이 섬을 매입하여 꽃섬으로 조성하였습니다. 그는 생전에 이 섬을 Blumenschiff(꽃배)로 즐겨 불렀다고 합니다. 지금은 그의 아들 Björn Bernadotte 백작이 섬에 거주하면서 전설적인 마이나우 꽃섬의 역사를 이어가고 있습니다. 사시사철 꽃섬은 황홀한 아름다움을 과시하고 있지만 튤립, 수선화, 히아신스, 물망초와 앵초가 만발한 봄의 꽃섬은 말로 설명할 수 없는 환상적인 모습을 자랑합니다.

Reichenau(라이헤나우)는 1,300년의 역사를 지닌 베네딕트 수도원으로 유명합니다. 유네스코는 라이헤나우 수도원을 세계문화유산으로 지정하였습니다. 보덴호수에 있는 섬 중에서 가장 큰 섬인 라이헤나우는 Gemü-seinsel(채소 섬)로도 잘 알려져 있습니다. 채소를 가꾸는 온실로 뒤덮여 있는 라이헤나우의 풍경은 독일 다른 곳에서 쉽게 볼 수 없는 독특한 모습을 보여 주고 있습니다. 채소 재배와 함께 포도 생산지로도 명성을 갖고 있습니다.

　Konstanz(콘스탄츠)는 유네스코 세계문화유산으로 지정된 선사시대 말뚝 수상집이 근처에 있는 도시입니다. 보덴호수 변에서 가장 큰 도시이자 활기 넘치는 중심지로 전통과 현대가 혼합된 도시입니다. 콘스탄츠의 가장 오래된 구역인 Niederburg(니더부르크) 지구는 아늑한 선술집이 즐비한 낭만 가득한 골목길이 매력을 발산하고 있습니다. 콘스탄츠는 스위스 Kreuzlingen(크로이츠링엔)과 붙어 있는 국경도시로도 유명합니다. Grenzbach(그렌츠바하) 개울을 따라 독일과 스위스의 국경이 대체로 구분되지만, 승용차가 다니지 않는 시내 보행자 길을 걷다 보면 왼쪽은 독일, 오른쪽은 스위스입니다. 국경 표시도 없고 안내도 없습니다. 거주하고 있는 주민들은 알겠지만 낯선 여행객은 좁은 보행자 길이 독일과 스위스의 국경이라고 생각하지 않을 것입니다. 좁은 보행자 길을 두고 왼쪽에 있는 가게와 레스토랑에서는 유로화로 지불하고 오른쪽 레스토랑과 카페에서는 스위스 프랑으로 지불해야 합니다. 우리나라 관광객에게는 아주 특별한 경험이 되고도 남을 것입니다.

　Friedrichshafen(프리드릭스하펜)은 Zeppelin(체펠린) 비행선과 관련이 깊은 보덴호수 변 도시입니다. 호수를 관광하다 보면 커다란 체펠린 비행선이 호수 위를 구름처럼 떠다니고 있는 모습을 볼 수 있습니다. Zeppelin NT사는 현대식 비행선을 갖추고 3월에서 11월까지 하루에 여러 차례 관광객에게 호수 위를 날 수 있도록 하고 있습니다. 그 비행선을 직접 타 보지는 못했지만, 비행선에서 내려다보는 호수와 호수 주변의 평화로운 전원 풍경은 평생 잊지 못할 경험이 될 것 같습니다.

보덴호수와 그 주위를 둘러싸고 있는 전원 지역은 아름답고 풍요롭습니다. 낙원과 같습니다. 그러나 보덴호수에서 물고기를 직업적으로 잡는 어부들은 수심이 깊어만 갑니다. 1980년대에는 180여 명의 독일 사람이 직업으로 그물을 던져 물고기를 잡았다고 합니다. 그러나 계속하여 어부의 수가 줄어들어 지금은 60여 명 정도가 어부로 살아가고 있습니다. 과거에는 3대가 하는 경우도 많았으나 지금의 현실은 먼 나라 이야기가 되었습니다. 어획량이 갈수록 줄어들어 호수에서 고기만 잡아 먹고살 수는 없는 형편이 되었습니다. 자식들에게 가업을 이어가라고 말할 용기도 없고 젊은 자식들도 어려운 상황을 잘 알고 있기에 아버지를 이어서 그물을 싣고 보덴호수로 나갈 생각을 접고 있습니다. 직업으로 물고기를 잡겠다는 젊은 사람들이 없는 상황에서 2030년이 되면 현재 어부들의 상당수가 연금 생활에 들어가기 때문에 보덴호수의 어업은 거의 멸종위기에 처하게 될 것으로 예상됩니다.

어부들은 물고기를 잡아 레스토랑에 판매하고 있습니다. 흰살생선이 값이 좋아 많이 잡혀야 하는데 하필 그 생선의 어획량이 줄어들어 어선에 들어가는 디젤 기름값을 공제하면 별로 남는 수익이 없다고 합니다. 하루에 흰살 물고기를 3상자 정도 잡아야 하는데 2상자, 운이 없을 때는 1상자 정도 잡는다고 합니다. 게다가 당국의 조사에 따르면 보덴호수의 흰살 물고기 치어 개체수가 급격히 감소하여 2024년 1월 1일부터 3년 동안 흰살생선 어업금지령이 내려졌다고 합니다. 소독하지 않고 그냥 마셔도 될 정도로 깨끗한 호숫물에는 물고기의 가장 중요한 먹이가 되는 동물성 플랑크톤이 계속하여 감소하고 있습니다. 외래종 물고기가 폭발적으로 증가하여 기존 토종 물고기를 닥치는 대로 잡아먹고 있는 것도 큰 문제라고 합니다. 또한 철새 이동이 급격히 늘어나면서 철새가 물고기를 잡아먹고 있는 것도 무시하지 못할 상황입니다. 이래저래 보덴호수 어부들의 한숨 소리만 커지고 있습니다.

아주 작은 보덴호수 린다우까지 기차가 들어옵니다. 사람과 자동차가 건너가는 다리도 잘되어 있고 섬까지 거리가 100m 정도에 불과하기에 인도와 차도가 있는 다리만으로도 큰 어려움이 없을 것 같은데 그 작은 섬에 기차역이 있습니다. 그 작은 섬에서 기차선로와 부대시설이 차지하는 면적이 상당합니다. 그렇게까지 할 필요가 있었을까 고개가 갸우뚱해집니다.

독일은 전국 곳곳, 작은 도시까지 기차가 다닙니다. 대중교통 시스템으로 철길이 아주 거미줄처럼 연결되어 있습니다. 그러나 지금의 독일철도 상황은 한마디로 한심한 수준입니다. 베를린, 함부르크, 쾰른, 뮌헨, 프랑크푸르트 등 대도시의 중앙역에 가면 실시간 "Pünktlichkeit(정확도)"를 나타내는 대형 전광판을 쉽게 볼 수 있습니다. 전광판은 보통 70%에서 80%를 나타내고 있습니다. 2022년 기준 정시에 출발하고 도착하는 독

언제나 내 마음 안에 있는 독일

일 기차의 정확도가 63%에 불과했습니다. 5분, 10분 늦은 경우는 다반사입니다. 1시간 늦은 경우도 많고 갑자기 기차 운행이 취소되기도 합니다. Deutsche Bahn(독일철도)은 80% 정확도를 목표로 하고 있는데 실현 가능성이 낮은 희망 사항에 불과합니다.

독일 기차선로가 너무 낡아 새로 선로를 깔고 낙후된 선로를 수리해야 하는데 그렇게 공사를 하다 보니 연착이 될 수밖에 없다고 합니다. 두 번째 이유로는 인력 부족입니다. 인력 부족은 독일철도의 고질적인 문제입니다. 인력 부족으로 매년 수백만 시간의 초과근무가 발생하고 있습니다. 낙후된 선로와 인력 부족으로 기차 수리와 관리가 제대로 되지 않은 것도 이유 중의 하나입니다. 그 결과 기관 고장으로 운항이 중단되거나 연착되고 정상 속도보다 느리게 운행되고 있습니다. 여객 기차와 화물기차가 같은 선로를 사용하고 있는 것도 정확도에 영향을 미치고 있습니다. 여객 기차가 화물기차를 추월해야 하는데 화물기차 때문에 그렇게 하지 못한 경우가 상당히 발생하고 있습니다.

독일철도는 짧은 시기에 이와 같은 문제가 해결될 가능성이 없다고 하면서 연결편 기차를 여유 있게 선택하고 여행 당일 독일철도의 기차 운행 안내에 주의를 기울여 줄 것을 대안으로 제시했습니다.

이것을 대안이라고 제시한 독일철도도 참 대단합니다. 우리나라에서 이렇게 하면 난리가 났을 겁니다. 내 생각에는 독일 승객들의 태도도 열차 지연 운행에 한몫하고 있다고 생각합니다. 독일 사람들은 아마도 "Irrtum ist menschlich(실수하는 것이 인간적이다)"라는 말을 아주 신봉하고 있는 것 같습니다.

"사람이 실수할 수 있지. 뭘 그걸 가지고. 기계가 고장 나는 것이 당연한 것 아니야. 고장 날 수도 있지." 그렇게 생각하며 사는 것 같습니다. 독일에 살면서 열차 지연과 같은 이런 일에 항의하는 사람을 거의 본 적이 없습니다. 때로는 목소리도 높이고 삿대질도 하고 그렇게 했다면 아무리 선로가 노후화되고 인력이 부족하다고 해도 기차 정확도가 단 몇 퍼센트라도 올라갔을 텐데.

22.
Allgäu, 부드러운 초원과 산악 풍경이
함께 하는 독일 알프스

1991년 8월 23일, 함부르크의 아침이 밝았습니다. 나와 가족이 맞이하는 독일의 첫 아침이었습니다. 아침을 먹기 위해 호텔 레스토랑에 들어섰습니다. 어색하고 긴장된 순간이었습니다. 호텔 레스토랑에 동양 사람은 우리 가족뿐이었습니다. 다른 얼굴 생김새와 잘 들리지 않는 독일어가 공간을 지배하는 곳에서 우리 가족은 이방인이었습니다. 어제의 서울과는 완전 다른 세상이었습니다. "이젠 이곳 낯선 땅 독일에서 살아야 한다. 방법이 없다. 예견된 일 아니었던가. 이제 뭘 어떻게 하겠는가. 운명인 것을." 서울에서 날마다 마주했던 그 편한 밥상은 찾아볼 수 없었습니다. 낯설고 이상한 독일식 아침 식사가 그 자리를 대신하고 있었습니다.

독일 사람들이 먹고 있는 옆 테이블을 재빠르게 곁눈질하여 빵을 절반으로 잘라 버터를 바르고 햄과 치즈를 올려 한입 먹었습니다. 어색한 분위기에 긴장했던 탓도 있겠지만 무슨 맛인지 몰랐습니다. "이런 것을 먹고산다고? 그것도 하루 이틀도 아니고 날마다. 아이고 내 팔자야. 촌놈이 우리나라에서 편하게 살 일이지 뭣 한다고, 무슨 영화를 누려 보겠다고 독일까지 와서."

지금은 독일 빵이 눈물 나게 그리워 가끔 내 정신이 아닐 때도 있지만 33년 전 그날 아침의 독일 빵은 그냥 배를 채우기 위해 씹어야만 했던 영혼이 없는 물건이었습니다.

"삶은 달걀이 있네. 삶은 달걀이야 서울과 함부르크와 무슨 차이가 있겠어. 빵 대신에 이걸 2개 먹으면 되겠지. 아이고 이제 살았다. 하늘이 무너져도 다 살아갈 방법이 있다니깐. 그래 달걀이야 달걀!! 달걀이 나를 살리는구나." 빵을 자르고 버터를 바를 때의 어색한 모습과는 다르게 나는 아직 따뜻한 느낌이 남아 있는 삶은 달걀을 가볍게 집어 들었습니다. 그리고 그 달걀을 식탁 모서리에 살짝 내리쳤습니다. 그리고 빠른 손놀림으로 껍질을 벗기고 소금을 뿌려 한입 베어 물었습니다. "바로 이 맛이야. 천상의 맛이로다." 함부르크의 삶은 달걀은 나의 기대를 저버리지 않았습니다. 우연히 달걀을 먹고 있는 나의 모습을 본 옆자리의 독일 사람들이 웃고 있었습니다. "먹으라고 있는 달걀을 먹고 있는데 뭣이 문제야? 저 독일 사람들 동양 사람이라고 나를 무시하는 거야 뭐야. 아니 세상에 삶은 달걀 하나도 마음 편하게 먹지 못해." 마음속으로 독일 사람(놈)을 향해 보이지 않게 씩씩거리고 있었지만 내 눈은 다시 한번 옆 테이블을 재빠르게 훑고 있었습니다. 그들은 홈이 파인 조그만 받침이 있는 그릇에 달걀을 놓고 그 달걀의 윗부분을 나이프로 잘라낸 다음에 티스푼으로 떠먹고 있었습니다. "세상에 달걀을 저렇게 먹는다고. 독일 놈들 참 가지가지 하고 있네." 그렇게 빵과 삶은 달걀은 그날 아침 나를 곤혹스럽게 했습니다.

나의 세 번째이자 마지막 도전이 시작되었습니다. 요구르트였습니다. 눈 덮인 높은 산과 푸른 초원에서 평화롭게 풀을 뜯고 있는 소 그림이 그려진 Almiguhrt(알미구르트)라는 떠먹는 요구르트가 내 눈에 들어왔습니다. 나는 그 요구르트를 반갑게 그리고 가볍게 집어 들었습니다. "Gute

Allgäuer Milch(좋은 알고이 우유)"라고 적혀 있었습니다. 옆 사람 눈치 보지 않고 정말 편하게 맛있게 먹었습니다. 그 요구르트를 먹고 나니 살 것 같았습니다. 독일에서 살아갈 용기가 생겼습니다. "Allgäu, Allgäu…. 알고이가 뭐지? 독일 어느 지역 이름인가?"

아침밥 전투에 기운이 다 빠진 나는 정신없이 총영사관으로 첫 출근을 했습니다. 총영사님과 직원들에게 부임 인사를 드리고 궁금한 마음을 참지 못하고 독일 여직원 Frau Hartwig에게 초면에 용기를 내어 물었습니다. "알고이가 뭐예요? 어디 독일 지역 이름이에요? 아니면 도시 이름이에요?"

"총영사관에서 15년 넘게 일하고 있지만 첫 출근에 이런 질문을 했던 직원은 아무도 없었어요. 김학성 부영사님이 처음이에요." 그녀는 쥐구멍을 찾아야 했던 그날 아침의 나의 부끄러운 무용담을 고맙게도 독일에 관한 관심과 열정으로 승화시켜 주었습니다.

Allgäu(알고이)는 독일 남부 바이에른주와 바덴-뷔르템베르크주에 있는 독일 알프스 지역입니다. 알고이 서쪽 지역은 독일, 스위스, 오스트리아 3국이 공유하고 있는 Bodensee(보덴호수)와 가까운 지역입니다. 그러나 알고이 대부분은 바이에른주에 속합니다. 알고이는 Voralpengebiet(알프스 전지)라고 불리는 완만한 구릉 초원과 해발 2,500m가 넘는 높은 고산지대를 모두 품고 있는 독일에서 가장 인기 있는 휴가지 중의 하나입니다. 목가적인 아름다운 알프스 자연과 문화경관으로 매년 수백만 명의 여행객이 알고이를 찾고 있습니다. 우리 한국 사람들에게 잘 알려진 "로만틱 가도"의 끝자락인 Füssen(퓌센)과 우리나라 사람의 독일 관광 성지인

언제나 내 마음 안에 있는 독일

Neuschwanstein(백조성)이 있는 곳도 알고이에 들어갑니다. 퓌센도 낭만 가득한 알고이의 도시이나 알고이를 진정으로 사랑하는 사람은 Isny(이즈니)와 Wangen(방엔)이라는 작은 도시를 절대 그냥 지나가지 않습니다. 아름다운 분수, 꿈같은 골목길과 유서 깊은 성벽이 매혹적인 구시가지를 감싸고 있는 작은 도시에서 잠시 쉬어 가는 것도 알고이 여행의 또 다른 기쁨이 될 수 있습니다. 그러나 알고이 여행은 도시를 찾는 것이 아닙니다. 완만하게 물결치는 알프스 전지의 목가적인 낭만을 온몸으로 느껴 보기 위해 찾는 곳입니다. 알프스 전지는 정말 그림과 같은 낭만과 평화로운 풍광을 자랑하는 곳입니다.

알고이는 다른 알프스 지역보다 구릉 초원이 많아 낙농업이 발달되어 있습니다. 우유와 치즈 산업이 알고이를 대표하는 정체성이라고 할 수 있습니다. 부업으로 농가와 농장을 여름 휴가지로 여행객과 휴가객에게 제공하는 농가도 많습니다. 알고이는 Schwarzwald(검은숲)과 함께 농가에서 먹고 자면서 독일의 전원생활을 체험하기에 아주 좋은 곳입니다. 도시 거주자들에게 농가의 닭 울음소리와 소 풍경소리는 특별한 경험이 되고도 남을 것입니다. 농부의 아내가 마련한 식탁의 음식은 인정이 넘쳐흐릅니다. 농장에서 보내는 휴가는 어린이들에게 특별한 경험이 되고도 남습니다. 송아지, 염소, 닭, 개와 초원에서 장난치고 뛰어다니며 놀 수 있습니다. 결코 잊을 수 없는 목가적인 꿈입니다.

알고이의 또 다른 자랑은 Allgäuer Grauvieh(알고이 갈색 젖소)입니다. 은빛 색이 감도는 갈색을 띠고 있는 알고이 에만 있는 젖소입니다. 갈색 젖소는 평균 1일 약 30리터의 우유를 생산한다고 합니다. 알고이 낙동가에게 없어서는 안 될 귀중한 자산입니다. 알고이 갈색 젖소는 보면 볼수록 멋집니다. 사람으로 따지면 칸 영화제의 레드 카펫 위에서 포즈를 취하고 있는 세기의 여배우 같습니다. 보고 있지 않으면 보고 싶고, 보고 있으면 더 보고 싶은 그리운 연인 같습니다. 참 예쁘게도 생겼습니다. 뿔도 너무 크지 않고 작지도 않고 어떻게 그렇게 적당하게 예쁘게도 생겼는지, 은색 빛을 띤 갈색의 털은 왜 그다지도 매끄러운지 모르겠습니다. 알고이 지역을 여행하는 우리나라 관광객이 백조성만 보고 다른 곳을 향해 급하게 달려가지 마시고 알고이의 아름다운 초원에서 평화롭게 풀을 뜯고 있는 "세기의 미녀 여배우, 알고이 갈색 젖소"를 잠깐 만나 보고 가면 좋겠습니다. 행복한 시간이 되고도 남을 것입니다.

낙농이 발달한 알고이에는 Almabtrieb 또는 Viehsheid 라고 하는 흥미로운 전통 행사가 있습니다. 산악 목초지에서 여름을 지낸 소를 아랫동네 농장 외양간으로 옮겨 겨울을 나게 하는 행사입니다.

어느덧 햇살 가득한 여름이 지나가고 독일 알프스 높은 초원에는 아침저녁으로 쌀쌀한 공기가 감싸고 돕니다. 9월이 지나가고 있습니다. 이제 저 마을 아래로 내려갈 때가 다가오고 있습니다. 알프스의 별을 바라보며 소를 치고 있었던 목동의 외로움도 끝을 향해 가고 있습니다. 여름 내내 초원의 풀을 말려 겨우살이를 위한 건초를 만들고 있는 아랫마을 농부는 살이 오른 소를 기다리고 있습니다. 목동 한 사람으로는 수십 마리의 소를 몰고 마을로 내려갈 수 없습니다. 마을에서 가족과 주위 이웃들이 힘을 합치기 위해 알프스 고지까지 걸음을 합니다.

언제나 내 마음 안에 있는 독일

이젠 소들과 함께 마을로 내려갈 준비를 해야 합니다. 알프스 계곡물로 소들을 깨끗하게 씻기고 털에서 윤이 나도록 빗질합니다. 알프스 초원의 꽃으로 만든 화려한 화관을 머리에 올리고 방울을 목에 달아줍니다. 여름 내내 알프스 고지대에서 잘 살았던 모습을 마을 사람들에게 보여 주기 위해 예쁘게 단장을 합니다. 목동 아가씨는 머리카락을 따 곱게 묶고 알프스 전통의상을 곱게 차려입습니다. 남자들도 가죽 반바지에 에델바이스 꽃문양이 새겨진 셔츠를 멋지게 차려입습니다. 사람도 소도 모두 예쁘고 멋집니다.

이제 아랫마을을 향해 출발합니다. 사람들은 막대기 하나로도 방향을 잘 잡고 소 떼를 인도해 나갑니다. 가끔 옆으로 도망가고 뒤에 처지는 소들도 있지만 막대기가 요술 방망이 같습니다. 소들에게는 쉽지 않은 길입니다. 처음 써 보는 어색한 화관과 무거운 방울이 거추장스럽습니다. 짧은 길도 아닙니다. 보통 마을까지 10km를 넘게 가야 합니다. 그러나 목동과 소를 위해 저 아랫마을에서 노래 부르고 춤추며 축제 분위기에 휩싸인 사람들을 위해 힘들지만 참고 내려가야 합니다.

마을 사람들과 관광객이 알프스 고지대에서 내려온 소 떼를 열렬하게 환영합니다. 먹고 마시며 춤추는 축제가 시작됩니다. 포근한 외양간에는 부드럽고 향기로운 건초 특식이 먼 길 내려온 소 떼를 기다리고 있습니다. 소들은 아랫마을 외양간에서 여름 내내 농부들이 땀 흘려 마련한 부드러운 건초를 즐기며 겨울을 보내다가 따뜻한 봄이 찾아오면 다시 알프스 고지대로 올라가 외로운 목동과 함께 쏟아지는 별들의 향연을 함께 합니다.

산업이 발달한 독일이지만 독일은 농업 강국입니다. EU 회원국 중에서 4번째로 농업 생산이 큰 나라입니다. 국내총생산의 1% 정도에 불과하지만, 농업은 땅, 하천, 공기, 기후, 생물다양성과 인간의 건강에 중대한 영향을 미치고 있어 독일에서 결코 무시할 수 없는 위치를 차지하고 있습니다. 독일 면적의 약 절반 정도가 농업에 이용되고 있습니다. 그중 70% 정도가 곡물 재배에 28%가 낙농을 위한 초지로 2% 정도가 과일 재배에 이용되고 있습니다. 밀이 가장 중요한 작물로 전체 경작지의 26%를 차지하고 있습니다. 그밖에 감자, 사탕무를 많이 재배하고 있으며 바이오 연료용으로 유채를 많이 경작하고 있습니다. 독일은 과일, 채소 생산이 부족해 수입에 의존하고 있습니다. 특히 과일의 경우 자급량이 고작 20% 정도에 불과합니다. 최근 독일 통계청의 조사에 따르면 약 27만 명의 농부가 현업에 종사하고 있다고 합니다.

최근 러시아-우크라이나 전쟁으로 전기, 사료, 비료 등 모든 것이 크게 올라 독일 농부들이 어려움을 겪고 있습니다. 그런 가운데 독일 정부가 농부에 대한 세금 우대를 줄이는 정책을 추진하고 있어 농부들의 거센 반발을 사고 있습니다. 성난 농부들이 트렉터를 몰고 베를린, 함부르크 등 대도시를 점령하고 고속도로를 막는 사태가 벌어져 정부가 일단 양보하는 태도를 보이고 있습니다만 쉽지 않은 상황입니다. 독일 농부의 1인당 연간 소득은 약 45,000유로 정도 됩니다. 독일 등 유럽 국가의 농업은 개별 정부의 정책도 중요하지만, EU의 공동농업정책이 아주 중요합니다. 직접 지불이 EU 농업지원의 핵심 요소라고 할 수 있습니다. 지속가능성을 확보해 주기 위해 농부들에게 기본소득을 지원하고 농업소득을 재분배하는 한편 청년 농민을 지원해 주는 것이 EU 농업지원 정책의 핵심이

언제나 내 마음 안에 있는 독일

라고 할 수 있습니다.

낙농업이 이산화탄소 배출의 큰 원인 중의 하나라며 사육하고 있는 젖소의 숫자를 줄여야 한다는 목소리가 EU 차원에서 제기되고 있습니다. 목가적인 초원에서 평화롭게 풀을 뜯고 있는 소가 무슨 이유로 탄소 배출의 원인 중의 하나인지 일견 이해되지 않지만 듣고 보면 그럴 수 있겠다는 생각도 듭니다. 소의 배설물에서 탄소가 많이 배출될 뿐만 아니라 소의 방귀에서도 많이 배출된다고 합니다. 알고이 갈색 젖소의 운명이 걱정됩니다.

(Bayerischer Alpen/Alpenvorgebiet)

언제나 내 마음 안에 있는 독일

23.
신이여! Berchtesgaden
하늘 아래로 보내 주세요

2015년 8월 나는 독일 프랑크푸르트에서 열사의 나라 중동 쿠웨이트로 전임되었습니다. 쿠웨이트는 UN 기후 통계상 세계에서 가장 더운 나라입니다. 54.2도가 공식 기록으로 인정되고 있습니다. 그러나 54.2도는 온도 측정 방식에 따라 그늘에서 측정된 기록입니다. 살인적인 사막의 햇볕이 내리쬐는 그늘이 아닌 곳에서의 디지털 온도계 숫자는 55~60도를 자주 나타냅니다. 상상을 초월한 더위입니다. 에어컨의 보호가 없다면 생존 자체가 불가능할 정도입니다. 종이 한 장의 발령을 받고 나는 그런 무지막지한 쿠웨이트에 도착했습니다. 그렇게 독일과 30도 이상 차이가 나는 곳에 내동댕이쳐졌습니다.

"김학성 참사관님, 우리 좀 도와주세요. 독일에서 오랫동안 근무하신 참사관님에게 기대가 큽니다."
"무슨 기대가 커요. 제가 무슨 도움을 줄 수 있는 것이 있어요?"
"재미없는 나라를 탈출해서 유럽에서 가족들과 여름휴가를 보내야만 기운을 내서 살아갈 힘이 나는데 유럽으로 여행하는 것도 어디를 가야 할지, 어떻게 준비해야 할지 감이 없어 어려움이 많습니다. 주로 파리, 로마와 같은 대도시로 휴가를 갑니다. 그런데 유럽의 여름 더위도 만만치 않고 도시 관광 위주로 휴가를 보내다 보니 힐링도 되지 않고 오히려 스트

언제나 내 마음 안에 있는 독일

레스만 더 받은 것 같습니다. 그래서 참사관님으로부터 자문도 받고 좋은 휴가지를 추천받고 싶습니다."

"황량한 사막의 나라를 탈출하여 유럽으로 콧바람 쐬러 가는데 도시 위주로 돌아다니면 무슨 힐링이 되겠습니까. 알프스든 바닷가든 아름다운 자연과 함께, 자연 속에서 휴식을 취하고 와야지. 기본 방향이 잘못된 것 같습니다."

나는 마침내 주쿠웨이트대사관에 영원히 전설적인 기록물로 남을 작품을 만들기 시작했습니다. 나는 우리 직원들이 독일에 가 보지도 않았고 독일어도 할 줄 모르고 독일에 대해 아무것도 모르고 있다는 전제하에 여행 & 휴가 계획서를 만들었습니다. 관광지에 대한 상세 설명은 말할 필요도 없고 모든 여행 목적지의 주소까지 포함된 상세 계획서를 만들었습니다. 눈 감고 귀를 막고도 쉽게 찾아가고 즐길 수 있는 그런 계획서를 만들었습니다. 나의 휴가 계획서는 독일 알프스였습니다.

나의 독일 바이에른 알프스 휴가 계획서는 쿠웨이트 교민들에게도 일부 유출되어 독일행 비행기표를 예약하도록 만들었습니다. 쿠웨이트를 떠난 지 6년이 되었지만, 나의 독일 알프스 휴가 계획서는 새로 부임한 직원에게 "신의 선물"이 되고 있다고 합니다. 쿠웨이트에 부임한 직원에게 더위 조심하라고 디지털 온도계와 함께 나의 휴가 계획서가 복사되어 제공되고 있다고 합니다. "과거 우리 대사관의 전설적인 인물 김학성 참사관이 만든 이 휴가 계획서를 보시고 독일 휴가를 꿈꾸며 쿠웨이트의 살인적인 더위를 이겨 보세요."

Freistaat Bayern(바이에른 자유국)의 수도 München(뮌헨)에서 남동쪽으로 약 50km 지역에 유명한 Tegernsee(테거른호수)가 있습니다. 뮌헨에서 기차로 쉽게 갈 수 있습니다. 테거른호수는 고급 휴양지이기 때문에 다른 지역보다 숙박비를 비롯하여 모든 것이 조금 비싼 편입니다. 호수 변의 호텔, 레스토랑, 카페에서 고급스러운 분위기가 물씬 풍겨 나옵니다. 북해 Sylt(쥘트)가 함부르크 시민들에게 고급 휴양지인 것처럼, 뮌헨 시민에게는 테거른호수가 고급 휴양지입니다. 호수가 내려다보이는 언덕을 따라 이어지는 하이킹 코스는 환상적인 파노라마를 자랑합니다. 케이블카를 타고 Wallberg(발베르크) 정상에 오르면 보다 높은 곳에서 환상적인 호수 전망을 감상할 수 있습니다. 호수 주위의 어디를 돌아다녀도 너무나 아름답고 좋습니다. 정말 평화롭고 낭만 가득합니다. 뮌헨만 관광하고 다른 곳으로 급히 가지 말고 꼭 테거른호수를 찾기 바랍니다. 결코 잊을 수 없는 추억이 되고도 남을 겁니다.

Naturpark Berchtesgaden(자연 국립공원 베르히테스가덴)은 오스트리아 Salzburg(잘츠부르크) 지역과 국경을 접하고 있습니다. 독일 유명 서정 시인 Theodor Fontäne(테오도르 폰테네)는 천하절경인 베르히테스가덴의 경치에 "신이여 천상 세계에서 지상 세계로 나를 보내려거든 베르히테스가덴 하늘 아래로 떨어뜨려 주십시오."라며 국립공원의 아름다움을 노래했다고 합니다.

Könnigssee(쾨니히호수)는 워낙 유명하여 별도로 언급할 필요도 없습니다. Schönau(쇄나우)에서 케이블카를 타고 1,874m의 Jenner(에너) 정상에 오르면 Watzmann(바쯔만) 산맥과 아래 쾨니히호수의 환상적인 파노라마가 눈 앞에 펼쳐집니다. Obersalzberg(오버잘츠베르크) 정상에 있

는 Kehlsteinhaus(켈슈타인하우스)는 1938년 히틀러와 나치 간부를 위한 알프스 별장으로 완공되었습니다. 히틀러는 이곳을 14번이나 방문했다고 합니다. 켈슈타인하우스까지 5월에서 10월 말까지 관광객을 위해 버스가 운행되고 있습니다.

베르히테스가덴 북쪽 지역에 있는 Ramsau(람사우)는 알프스에서 가장 사진이 멋지게 나오는 photogenic 장소로 유명합니다. Zauberwald(마법의 숲)로부터 흐르는 수정과 같은 맑은 물은 세상 모든 근심을 다 사라지게 합니다. 낭만적인 산악호수의 이상향을 원한다면 람사우 지역의 Hintersee(힌터호수)를 찾아야 합니다. Hintersee는 독일어로 "산 뒤에 숨어 있는 호수"라는 뜻입니다. 말 그대로 숨어 있는 보물 중의 보물입니다. 작지도 않고 크지도 않은 알프스호수는 예술가에게 엘도라도입니다. 어디에 앉아도 호수는 한 폭의 그림으로 눈앞에 있습니다.

독일에서 가장 높은 산은 Zugspitze(추크스피체)입니다. 해발 2,962m로 여름에도 만년설로 덮여 있습니다. 정상은 독일과 오스트리아 국경이기도 합니다. 현대적인 케이블카와 톱니바퀴 기차 덕분에 정상에 올라 알프스 연봉의 숨 막히는 파노라마를 즐길 수 있습니다. 추크스피체 산맥바로 아래에 있는 Eibsee(아이브제호수)는 바이에른 알프스 중에서 가장 아름다운 호수 중의 하나입니다. 웅장한 알프스 연봉을 바라보면서 수정같이 파란 호수 변을 따라 걷는 8km 가까운 하이킹 코스는 평생 잊을 수 없는 기억이 되고도 남을 것입니다. 이 호수에는 왕자의 섬이라고 불리는 여러 개의 작은 섬이 있습니다. 섬을 둘러싼 호숫물의 색깔은 눈을 뜨지 못할 정도로 눈부십니다.

바이에른의 "Salzach 진주"라고 불리는 Burghausen(부르크하우젠)은 뮌헨에서 동쪽으로 100km, 오스트리아 잘츠부르크에서 북쪽으로 50km 지점에 자리 잡고 있습니다. 부르크하우젠은 세계에서 가장 긴 성으로 유명합니다. 그림처럼 아름다운 구시가지 위의 좁은 산 능선을 따라 성벽과 탑이 1km가 넘게 끝없이 늘어서 있습니다. 성 전망대에 오르면 압도적인 파노라마를 즐길 수 있습니다.

베르히테스가덴 자연 국립공원 등 Freistaat Bayern(바이에른 자유국)의 많은 지역이 오스트리아 공화국과 국경을 이루고 있습니다. 이곳은 독일, 바이에른, 오스트리아로 이름만 다를 뿐입니다. 바이에른과 오스트리아는 단순한 이웃이 아닙니다. 같은 독일어 방언을 사용하고 문화도 같고 거의 모든 것이 비슷합니다. 오스트리아 공화국과 바이에른 자유국은 거의 같은 시기에 건국되었습니다. 두 나라 사이에 차이가 거의 없습니다. 오스트리아가 바이에른보다 국토 면적이 약간 크지만, 인구는 오히려 작습니다. 바이에른이 1천 3백 만인 반면 오스트리아는 9백만 정도 됩니다. 경제 규모도 바이에른이 오스트리아보다 약 $1천억 정도 더 큽니다. 오스트리아는 독일 연방정부보다 바이에른 정부와 감정적으로 더 가깝다고 합니다. Bruno Kreisky(부르노 크라이스키) 전 오스트리아 총리는 바이에른에서 휴가를 보내면서 "나는 바이에른에서 휴가 보내는 것을 좋아합니다. 나는 지금 오스트리아에 있지 않습니다. 나는 독일에도 있지 않습니다. 나는 바이에른에 있을 뿐입니다."라며 오스트리아와 바이에른의 끈끈한 유대와 특수한 관계를 강조했습니다.

오스트리아도 독일처럼 9개 연방주로 구성된 연방국가입니다. 총선을

언제나 내 마음 안에 있는 독일

통해 새로 구성된 오스트리아 연방정부의 수장은 제일 먼저 바이에른 자유국을 공식 방문합니다. 오스트리아 정부의 오랜 전통과 관행이라고 합니다. 오스트리아 총리가 의전상 같은 위치에 있는 독일연방공화국의 총리를 방문하지 않고 바이에른 자유국의 주 총리를 먼저 예방하는 것이 이해되지 않을 겁니다. 그러나 오스트리아 공화국과 바이에른 자유국은 그렇지 않습니다. 오스트리아 정부는 바이에른 자유국을 독일연방공화국을 구성하는 16개 연방주의 하나로 보지 않고 오스트리아와 대등한 형제 국가로 보고 있는 것 같습니다. 오스트리아 정부에게는 독일연방공화국도 하나의 국가이며 바이에른 자유국도 하나의 국가인 것 같습니다.

1804년에서 1867년까지의 합스부르크 가문이 통치한 오스트리아 제국은 러시아 제국에 이어 유럽에서 두 번째로 큰 정치적 집합체였습니다. 인구 기준으로는 러시아, 프랑스 다음으로 큰 제국이었습니다. 오스트리아 제국은 1815-1866년 동안 독일 연방의 일원이기도 했습니다. 독일연방은 프로이센과 오스트리아를 주축으로 함부르크, 뤼벡, 브레멘, 프랑크푸르트 4개의 자유도시까지 포함된 느슨한 형태의 국가연합이었습니다.

Schleswig-Holstein(슐레스비히-홀스타인) 문제로 프로이센에 대항하면서 오스트리아는 독일연방으로부터 탈퇴하였습니다. 그 후 오스트리아 제국은 "오스트리아-헝가리 제국"으로 2중 군주제 국가가 되었으나 1차세계대전 패전으로 와해 되었습니다. 다민족국가로 구성된 오스트리아 제국은 1918년 오스트리아 공화국 건국으로 독일 사람만 남은 독일적인 공화국이 되었습니다. 독일과 같은 뿌리라는 것을 보여 주기 위해 1918년 공화국 건국 시 공식 국명을 "독일-오스트리아 공화국"으로 했으나 승전국의 반대로 1919년 생제르망 조약에 따라 지금의 국명인 "오스트리아 공화국"으로 변경되었습니다.

　오스트리아 주민의 다수가 독일과 병합을 희망하고 나치당의 세력이 오스트리아에서 크게 확장된 상황을 이용하여 오스트리아 출신 히틀러가 오스트리아 연방정부를 압박하여 끝내 히틀러가 오스트리아 수도 Wien(빈)에 무혈 입성하게 됩니다. 그렇게 해서 1918년 건국된 신생 오스트리아 공화국은 20년 만에 문을 닫고 1938년 독일 제3제국(히틀러제국)에 통합되어 버립니다. 1938년 2월 Kurt Schschnigg 당시 오스트리아 총리가 히틀러에 저항해 보려고 했으나 역부족이었습니다. 그와 히틀러 사이의 회담이 바로 베르히테스가덴의 켈슈타인하우스 히틀러 별장에서 개최되었습니다.

(Zugspitze/Eibsee)

23. 신이여! Berchtesgaden 하늘 아래로 보내 주세요

24.
오~ 그리운 Schwarzwald,
나의 대학도시 Freiburg

"백포도주 1마르크, 적포도주 1마르크, 맥주 1마르크, 오렌지 주스 1마르크, 커피 1마르크, 페퍼민트 차 1마르크." 벽에 붙어 있는 색 바랜 종이한 장이 내 눈에 들어왔습니다. 볼펜으로 눌러 쓴 서툰 글씨가 정겨웠습니다.

"여기는 모두 1마르크네. 인심 좋은 산골 농가이기 때문에 그런 것 같은데 그냥 거의 공짜나 다름이 없네." Schwarzwald(검은숲) 산골 마을의 후한 인심이 밀물처럼 밀려왔습니다.

"바덴 지역의 백포도주가 좋다고 하던데 그거나 한 잔 시켜 봐야지." 농가의 주인아줌마는 얼굴 가득한 미소와 함께 큰 잔에 넘실거리게 담긴 백포도주를 나에게 건네주었습니다.

"아니 이게 뭐야. 이게 1마르크 포도주라고. 어떻게 1마르크지. 5마르크는 되고도 남을 양인데."

1마르크 포도주에 질을 크게 기대하지는 않았지만 큰 잔에 넘실넘실 넘치는 포도주는 나의 마음을 따뜻하게 하고도 남았습니다. 은빛 별들이 검푸른 밤하늘에 영롱한 빛으로 반짝이는 밤 우리 가족은 작은 예배당의 종소리, 개울가의 맑은 물소리, 짙은 전나무 숲속 새들의 노래와 함께 독일남부 검은숲의 포근함에 빠져들었습니다.

독일 남서부에 있는 검은숲은 가로 약 60km, 새로 약 200km에 달하는 광대한 전나무숲과 푸른 초원이 조화롭게 어우러진 구릉 산악지대입니다. 멀리서 보면 울창한 전나무 숲이 검게 보인다고 해서 검은숲으로 불리게 되었다고 합니다. 울창한 전나무숲과 함께 완만한 곡선미를 자랑하는 초원(목초지)이 나그네의 지친 영혼을 달래 주기에 부족함이 없습니다. 전나무숲에 에워싸인 신비스러운 호수, 소들이 평화롭게 풀을 뜯고 있는 부드러운 곡선의 초원, 그 초원 위에 펼쳐진 바닷가 등대와 같은 농가들, 하얀 눈에 뒤덮인 전나무숲이 만들어 내는 겨울 동화, 그 모든 것이 아름답고 낭만적입니다. 검은숲은 목가적인 포근한 풍광과 함께 독일에서 가장 순박하고 따뜻한 인심을 가지고 있는 지역으로 사랑받고 있습니다. 음식문화가 발달하여 독일의 전라도라고 할 수 있습니다. 우리나라에 한때 유행했던 뻐꾸기시계의 본고장이기도 합니다.

북부 검은숲의 중심도시는 Baden-Baden(바덴-바덴)입니다. 88 서울 올림픽 개최가 결정된 "바덴-바덴의 함성"으로 우리에게 알려진 도시입니다. 비스바덴, 아헨과 함께 독일 최고의 온천 휴양도시로 평가되고 있습니다. 얼마나 온천이 좋아 자랑하고 싶었으면 도시 이름을 "온천-온천"으로 했겠습니까. 고급스럽고 화려함이 넘치는 북부 검은숲의 진주라고 할 수 있습니다. 중부 검은숲에는 Kinzigtal(킨지기) 계곡을 따라 Gegenbach(겡엔바하), Schiltach(쉴타하), Haslach(하스라하) 등 그림과 같은 작은 도시들이 이어지고 있습니다. 검은숲의 생활상을 보여 주고 있는 야외민속박물관인 Vogtsbauernhof에는 민속의상에 Bollenhut(빨간 털방울 모자)를 쓴 예쁜 Schwarzwaldmädel(검은숲의 아가씨)가 수줍은 미소와 함께 관광객을 반갑게 맞이하고 있습니다. 1950년에 제작

언제나 내 마음 안에 있는 독일

된 오페레타 독일영화 Schwarzwaldmädel(검은숲의 아가씨)는 독일 최초 컬러 영화였습니다. 그 오페레테 영화에서 검은숲의 아가씨는 전통의상에 빨간 털방울 모자를 쓰고 사랑을 노래하고 있었습니다. 1985년에서 1989년 동안 ZDF(독일 제2 공영방송)에서 TV 시리즈로 인기를 끌었던 Schwarzwaldklinlik(검은숲 병원)도 이곳을 배경으로 한 드라마입니다.

검은숲에서 가장 높은 곳은 Freiburg(프라이부르크) 동남쪽 지역에 있는 1,494m의 Feldberg(펠트베르크) 산봉우리입니다. 나무가 없는 넓은 초원의 정상은 검은숲은 물론 알프스까지 전망할 수 있는 파노라마를 자랑합니다. 펠트베르크는 독일에서 처음으로 문을 열었던 스키장이기도 합니다.

검은숲 지역에는 약 1천 개의 과일 증류주 양조장이 있습니다. 대부분 농가에서 자체적으로 소규모로 하고 있지만 과일주의 질은 최고로 좋습니다. 검은숲의 대표적인 과일주는 체리, 산딸기와 배로 만듭니다. 알코올 40도의 깨끗하고 과일 향이 일품인 검은숲이 자랑하는 최고의 술입니다. 검은숲에서 가장 많이 유통되고 사랑받고 있는 맥주는 Rothaus Tannenzäpple입니다. 이 맥주 양조장은 독일에서 유일하게 바덴-뷔르템베르크주 정부에서 소유하고 운영하고 있습니다.

짙은 전나무숲과 아름다운 곡선미를 자랑하는 푸른 초원이 교차하는 검은숲의 대표 도시는 나의 대학도시인 Freiburg(프라이부르크)입니다. 검은숲의 수정같이 맑고 차가운 계곡물이 무릎 높이의 냇물을 이루어 도심을 가로질러 평화롭게 흘러갑니다. 그러나 그 잔잔한 냇물은 그냥 흘러가기 아쉬웠는지 약 20km의 Bächle(작은 수로)를 만들며 프라이부르크 구시가지 골목길을 구석구석 누빕니다. 더위에 지친 시민들은 그 수로에 발을 담그며 행복해합니다. 아이들은 물장구를 치고 종이배를 띄웁니다. 프라이부르크는 그런 사랑스러운 도시입니다. 라인강 건너편 프랑스 Alsace(알자스) 지방이 바로 손에 잡힐 것 같고, 스위스 국경도시 Basel(바젤)도 한 발 건너뛰면 다다를 수 있습니다. 그렇기에 프라이부르크는 "3국이 교차하는 아름다운 지역"으로 불리고 있습니다. 붉은 사암으로 건축된 웅장하고 아름다운 Freiburger Münster(프라이부르크 대성당)는 고딕 건축양식의 걸작으로 평가되고 있는 도시의 랜드마크입니다. 구시청사, 성문 등 오래된 역사적인 건축물과 노천 시장이 열리는 활기찬 대성당 광장 등 구시가지는 뿜어져 나오는 낭만의 기운을 억제하지 못하고 있습니다. 1457년에 설립된 대학이 있는 프라이부르크는 대학도시로도 유명합니다.

프라이부르크는 Lange Rote(약 40cm 정도 되는 긴 소시지)로 유명합니다. 빵을 반으로 나눠 그 안에다 겨자소스를 바르고 소시지를 넣어 먹는데 기가 막히게 맛있습니다. 여행객들은 소시지가 너무 길어 보통 절반으로 꺾는데, 프라이부르크 시민은 절대 그렇게 하지 않습니다. 절반으로 꺾으면 그 순간 그 소시지는 더 이상 Lange Rote가 아니기 때문입니다. 길어서 먹기 좀 불편하더라도 끝에서부터 야금야금 먹어 들어와야 합니다.

프라이부르크 구시가지 시내에 가면 Hotel Löwen이 있습니다. 그 호텔에는 "Betty"라고 하는 남자(여자)가 있습니다. 남자로 태어났지만, 여자가 되고 싶어 안달이 난 사람입니다. 검은숲의 전통의상과 빨간 털망울

언제나 내 마음 안에 있는 독일

모자를 쓰고 화장을 짙게 하고 있지만 아무리 봐도 여자는 아닙니다. 자기 자신을 "Ich bin eine ewige Baustelle(나는 영원한 공사판이다)"라며 여성의 목소리를 흉내 내며 우스갯소리를 하는 재미있는 프라이부르크 유명 인사입니다. 검은숲과 프라이부르크를 진정으로 사랑하는 사람이기도 합니다. 프라이부르크를 여행하게 되면 호텔 레스토랑에서 검은숲이 자랑하는 Schwarzwälder Kirschkuchen(검은숲의 체리 케이크)과 함께 그 남자(여자)로부터 검은숲과 프라이부르크에 대한 생생한 살아 있는 이야기를 들어보는 것도 재미있는 추억이 될 것입니다.

프라이부르크에서 가까운 라인강 건너편 프랑스 알자스 지방은 역사적으로 프랑스 땅이기도 했고 독일 땅이기도 했습니다. 알자스 지방은 독일어가 소통되고 있으며 프랑스 몇몇 마을 주민들은 프랑스어가 아닌 독일어를 모국어로 사용하고 있습니다. 프랑스 소설가 알퐁스 도데의 〈마지막 수업〉은 프로이센의 알자스 점령을 배경으로 한 단편소설입니다. 프라이부르크는 30km면 가볍게 도달할 수 있는 라인강 너머의 프랑스 알자스 지방과 형제처럼 살고 있습니다. 프라이부르크에는 1963년 엘리제조약에 의해 1972년에 설립된 DFG/LFA Freiburg(독일-프랑스 인문계 중고등학교)가 있습니다. 이 학교를 성공적으로 졸업하는 학생은 프랑스와 독일에서 모두 인정되는 대학입학자격시험인 바깔로레아/아비투어를 받게 됩니다. DFG/LFA Freiburg는 엘리제조약으로 맺어진 독일과 프랑스의 가장 상징적인 성과 중의 하나로 평가되고 있습니다.

1963년 1월 23일 독일 아데나워 총리와 프랑스 드골 대통령은 파리에서 독일-프랑스 우호조약(엘리제 조약)을 체결했습니다. 독일과 프랑스는 이 조약을 통해 외교, 국방, 교육, 청소년 정책분야에서 긴밀하게 협력하는 한편 청소년 교류에 역점을 두기로 합의했습니다. 엘리제조약은 국가 원수나 총리는 적어도 1년에 두 차례, 외무장관과 국방장관은 3개월마다 만나 협의하기로 합의했습니다. 그러나 무엇보다도 청소년들의 상호 교류와 교육에 역점을 두었습니다. 엘리제조약으로 약 8백만 명의 독일 프랑스 청소년들이 현재까지 상호 교류하고 있습니다. 아데나워 총리가 이룩한 마지막 큰 업적이었던 엘리제조약은 EU의 쌍두마차를 이끌어 가고 있는 독일과 프랑스의 긴밀한 우호 협력 관계의 원동력입니다.

프라이부르크는 오랜 역사의 얼굴을 가지고 있는 도시이지만 유럽에서 가장 지속 가능한 도시지구를 가지고 있는 미래를 선도하고 있는 곳이기도 합니다. 프라이부르크 남쪽 지역의 과거 프랑스 군사기지 부지였던 Vauban(보봉) 지역에 새로운 미래도시가 건설되었습니다. 이 도시는 지상 전철로 프라이부르크 시내와 연결됩니다. 시민들이 도보로 쉽게 지상 전철에 접근할 수 있도록 주택지를 따라 선로가 설치되어 있습니다. 도시 지구 내에서는 자전거가 가장 중요한 교통수단입니다. 주민들의 자동차 보유는 20% 정도에 불과하며 도로에는 주차 공간도 거의 없습니다. 주민들은 자동차 없는 생활에 큰 불편을 느끼지 않고 있으며 친환경적인 생태적 교통개념에 적극적으로 찬성하고 함께합니다.

보봉 지구의 모든 주택과 건물은 소위 "수동 주택" 또는 "플러스 에너지 주택"입니다. 주택 거주자가 소비하는 것보다 더 많은 재생에너지를 만들어 내는 건물을 "플러스 에너지 건물" 또는 "수동건물"이라고 합니다. 수동건물은 건물 내부의 열을 유지하고 외부 날씨의 영향을 완벽하게 차단

언제나 내 마음 안에 있는 독일

하기 위해 고품질, 최고 효율의 단열재와 이중, 삼중 창문을 사용합니다. 전기와 난방을 위해 태양광 페널과 히트 펌프를 사용합니다. 주민들은 건물 옥상에 설치된 태양광 페널에서 생산된 잉여 에너지를 지역 내 다른 주택이 사용할 수 있도록 지방자치단체에 판매하여 전기요금을 절감하고 있습니다. 또한 고효율 바이오메스 및 천연가스로 열병합발전소를 가동하여 전기와 난방을 공급하고 있습니다. 자동차 없는 이동, 재생에너지 생산과 에너지 소비 감축을 통한 친환경적 지속 가능한 도시 개발의 선구자인 프라이부르크 보봉 도시지구의 실험은 계속되고 있습니다.

나는 프라이부르크 대학교에서 "진짜 대학생"이면서 동시에 "가짜 대학생"이었습니다. 우리나라에서 독문과를 졸업하고 주함부르크총영사관에서 부영사로 3.5년을 근무했던 경력에다 독일 대학 입학을 위한 독일어 어학 시험 성적이 충분하여 당당하게 Zulassung(입학허가)를 받았기 때문에 나는 "진짜 대학생"이었습니다. 아침부터 저녁까지 강의실과 도서관을 누비며 학업에 전념했기에 그런 면에서도 "진짜 대학생"이었다고 자신 있게 말할 수 있습니다. 그러나 나는 외교부 공무원 신분으로 외교부로부터 생활비를 지원받고 있는 배부른 대학생이었기 때문에 "가짜 대학생"이기도 했습니다. 독일 사람들은 배부른 대학생을 "가짜 대학생"으로 부릅니다. 배고프고 가난한 거지와 다름없는 독일 대학생과 달리 나는 가끔 프라이부르크 시내 카페에서 에스프레소와 카푸치노를 즐기고 더운 날에는 Lange Rote 소시지에 시원한 Rothaus Tannenzäpple 맥주 한 잔을 마셨던 "가짜 대학생"이었습니다.

시간은 유수와 같이, 화살과 같이 빨리 지나가 버렸습니다. 이제 퇴직하여 서울 하늘 아래에서 Schwarzwald(검은숲)를 그리워하며 나의 대학도시 Freiburg(프라이부르크)를 추억하고 있습니다. 그립습니다. 보고 싶습니다. 그곳에 가고 싶습니다.

(Freiburg)

언제나 내 마음 안에 있는 독일

ⓒ 김학성, 2024

초판 1쇄 발행 2024년 10월 18일

지은이   김학성
펴낸이   이기봉
편집   좋은땅 편집팀
펴낸곳   도서출판 좋은땅
주소   서울특별시 마포구 양화로12길 26 지월드빌딩 (서교동 395-7)
전화   02)374-8616~7
팩스   02)374-8614
이메일   gworldbook@naver.com
홈페이지   www.g-world.co.kr

ISBN   979-11-388-3617-3 (03920)